Du même auteur :

Aux éditions Lulu :

Des pas….sculpteurs de vie
Le parfum des mouvances
Eclaboussures
Les étoiles la nuit
Fondus enchaînés
Entre deux vents la vie
Errance poétique d'un vers inachevé
L'aube d'un émoi
Deviens qui tu es (Nietzsche)
A l'encre de brume

Sylvie TOUAM

Quelques alexandrins
Pour rythmer la saison

Préface de Didier COLPIN

BoD 12/14, rond-point des Champs Elysées, 75 008 Paris, France

© 2017 Sylvie Touam
ISBN : 9782322085408
Editeur : BoD – Books on Demand-
12/14, rond-point des Champs Elysées, 75 008 Paris, France
Impression : BoD – Books on Demand, Allemagne

Préface
de Didier COLPIN,
Poète.

Laissez Sylvie Touam vous prendre par la main pour vous conduire au sein de cette forêt constituée exclusivement de majestueux alexandrins…

Cette forme d'écriture est sobre et classique : Elle a fait ses preuves… Son rythme est mélodieux et les douze pieds permettent de développer ce qui est à dire. Pourquoi donc s'en priver ?
L'auteure ici ne s'en prive pas et elle a bien raison. Pourtant aligner ainsi près de cent poèmes ayant cette construction, ce n'est pas évident.
Le défi a pourtant été relevé…
Avec succès ! Il faut le souligner…

Mais une forme élégante et raffinée peut abriter un fond sans saveur. Après tout, avec les mots du bottin il est même possible d'écrire un sonnet !
Rien de tel ici…

Pour reprendre l'image d'un bois, disons que le parfum de l'humus saura vous séduire… C'est celui de la nature humaine qui sait traverser le temps.
Comme le fait la poésie aux racines plongées dans un socle d'intemporalité, l'humain restant l'humain à défaut d'être l'Homme que l'on espère souvent…

Un *'Soleil en clair-obscur…'* vous conduira *'Sans détour…'*, une *'Osmose charitable…'* vous troublera par des vers trouvant écho dans le cœur, comme dans l'esprit sans oublier l'âme.
Des *'Traces immuables…'* (*'Les traces de mes mots…'* dit-elle), vous conduiront vers une *'Brèche ouverte…'* qui permet de

'Dénouer cet égo…' en allant *'Au-delà du miroir…'* dans un *'Silence sans tain…'*
Important de savoir oser *'Aller vers le silence…'*

Baigné par un souffle d'innocence, en oubliant le temps d'une lecture l'évanescence, à dessein, je cite pour conclure cette préface un extrait du dernier poème de ce recueil de Sylvie Touam.
Il nous invite à garder
« …cette capacité
Dans l'instant bienfaisant de se laisser surprendre
S'étonner chaque jour de sa fertilité
Sans vouloir s'habituer à tout ce qu'il engendre »

Surtout, laissez vous gagner par le *'Tumulte de la tranquillité…'* que l'on trouve en cette forêt, et pénétrez là, entrez *'Là où tout commence…'*.

Nota : Les expressions en italiques sont quelques titres de cet ouvrage de bien belle facture écrit avec une plume de sérénité plongeant dans l'encre de la vie…

COLPIN Didier – octobre 2017 –

Didier Colpin est un poète nantais auteur d'une quinzaine de recueils.
Plusieurs de ses poèmes ont été sélectionnés 'Coup de cœur' par le site Poésie française.

Sans détour…

En arpentant l'histoire une rue oubliée
Dans le quartier natal des tous premiers clichés
On mesure le temps vérité publiée
Sur les murets en pierre et les pans arrachés

On se fraie un chemin via la défiance
Pour ne pas l'épeler ne pas l'appréhender
Comme on tente un guêpier pour sommer l'évidence
De prodiguer ailleurs un dogme trop scandé

Mais c'est lorsque l'on croise au bord de cette rue
Quelqu'un que l'on connait mais sans l'avoir revu
Depuis plusieurs années que la sentence est crue
Par un effet miroir il prend au dépourvu

Car cet autre a vieilli c'est là cette flagrance
Et cette longue absence insiste sur l'écart
De ces vingt ans déjà puisque l'accoutumance
Que nous avons de nous trompe notre regard

On subit de plein fouet cette étrange rencontre
Puisque c'est simplement notre vieillissement
Qui nous est raconté ce que l'autre nous montre
C'est la marque du temps sans attendrissement

Placé d'autorité face à la résistance
De notre assentiment le bien-dire constant
D'une semblable image affirme l'arrogance
De notre désaveu la preuve nous pistant…

Conversation interrompue…

On ne se connait pas jamais l'on ne s'est vu
Car la vie arbitraire a soustrait la rencontre
Du destin des parcours et pas un imprévu
N'est venu dérègler le tic-tac de sa montre

Quelle est notre famille un effet du hasard
La famille de sang si nous pouvons la dire
La famille de cœur survivrait d'un regard
Qui parfois n'aboutit car l'absence conspire

Tant de moments communs que nous méconnaissons
Nos deux courbes du temps sont souvent transmutables
Mais sans y voir plus clair nous les désunissons
Pourtant nous partageons ces aléas semblables

Des rendez-vous ratés sur ces chemins distincts
Qui ne permettront pas de capturer la vie
Mais juste contourner ces abondants matins
Qui se diluent au clair d'une aube inassouvie

Résultat d'une attente ou simple flottement
Syntaxe de l'esprit réalité de l'être
L'existence s'intègre au seul consentement
De son incertitude et de son chronomètre…

Un lange ou un linceul…

D'une seule naissance on est son propre corps
Essentielle osmose un seul projet de vie
Un idéal commun bien plus que les décors
Qui vont l'avantager même s'il les convie

Plus qu'un alter-ego c'est tout notre « soi-même »
Qui se métamorphose en se laissant choisir
Un jour il nous fascine il est notre baptême
Un jour il nous appelle il est notre avenir

On se découvre ensemble on s'exerce à la marche
Voire même à la course on devient plus adroit
On ajuste sa force affinant sa démarche
On se porte garant d'un devoir et d'un droit

Bien plus qu'une prouesse il se fait jouissance
D'un limpide abandon l'amour est sensuel
Et pendant des années il est cette constance
Qui le rend si fidèle il est notre éternel

Mais le temps va livrer son cortège de signes
Avant de l'éroder vers son propre déclin
Infimes trahisons tout d'abord bien bénignes
Puis petit à petit le présage est malin

Pourrait-il nous livrer pourrait-il être hostile
Devenir ennemi malgré tant de ferveur
Faut-il s'en méfier le cœur est si fragile
On ne peut s'y soumettre et l'amour n'est qu'un pleur

                                                    …/…

Mais il est éphémère et les faits s'accélèrent
Le corps prend le dessus nous condamne à la mort
Faisons-nous vraiment qu'un n'est-il pas qu'une œillère
Un sinistre alibi pour frôler un trésor

…

Ou pourquoi pas peut-être
Un berceau pour aimer
Qu'une âme à la fenêtre
Viendra désarrimer

Et moi je m'interroge
S'il était un duo
Ne suis-je qu'une horloge
En quête d'un écho…

« Si c'était à refaire »...

C'est toujours une paix lorsque l'on reconnait
Que si l'on pouvait bien revenir en arrière
Satisfait du destin que l'on accompagnait
On referait nos choix de la même manière

...

« Si c'était à refaire » est cet état des lieux
Une introspection qui suspend la pendule
De nos commencements vers nos premiers adieux
Le compte est pathétique et la balance ondule

Car bien évidemment l'imagination
Fait rêver d'herbe verte et brode le factice
Toujours « si j'avais su » se glisse en option
Pour semer la pagaille et cliver l'interstice

Mais c'est la quiétude au milieu des temps morts
De saisir le présent sans qu'il ne nous échappe
Et ne pas regretter malgré quelques remords
D'en être arrivé là d'en savourer l'étape

...

Cette paix somme toute est-elle essence en soi
Car nous ne savons pas comment viendra le terme
En connaissant la fin serait-il même foi
De refaire pareil malgré ce qu'elle enferme...

Nimbés de mouvance...

On ne peut trop savoir ce que l'on représente
Pour ceux que l'on côtoie et ceux que l'on confond
Un lien de passage une étoile filante
Quelle est la bonne foi quand le vrai se morfond

Car il est de partout que la pudeur écluse
Le peu de transparence où se comptent les grains
D'un chapelet câlin qui parfois n'est que ruse
Quelques reflets ainsi sont de réels chagrins

Mais la même pudeur retient aussi la grâce
D'un juste attachement qui peine à s'exprimer
D'une indécision que l'apparence efface
En édifice abstrait qui ne peut sublimer

Sommes-nous bien vivants des hôtes sans ambages
Qui s'ancrent à demeure au sein des sentiments
Ou seulement admis sur le quai des adages
Intégrant le système au milieu des serments

On ne peut trop savoir ce que l'on représente
Pour ceux que l'on côtoie et ceux que l'on confond
C'est un accord tacite une troublante entente
Des miroirs clairs obscurs qui nous font nous défont...

Là où l'on se tient….

Rêves anti-douleurs songes analgésiques
Sont des alinéas toujours plus spacieux
Entre les souvenirs des instants chaotiques
Et le moment présent des maux silencieux

On ne peut pas s'enfuir vers l'éternel mirage
De ce qu'on a perdu pour le voir s'effacer
Comme un éboulement d'un temps que de passage
Qui se détacherait d'un ciel cadenassé

Le vide est étendu la dépouille sanglante
D'un espace foulé se dissout dans l'aspect
D'une réalité qui n'est bien qu'aveuglante
Jusqu'à ce que la trace accuse l'irrespect

Car douter du vivant en faisant de son ombre
Une utopie en berne est comme renier
La mémoire du vrai mensonges en surnombre
D'une remise au monde à l'écho rancunier

Les chimères qui vont déplier l'intervalle
Entre l'aube et la nuit l'aiment aérien
Un écart boomerang qui goûte sa cavale
Alors que l'on sait bien qu'il n'en reviendra rien…

Sur un temps révolu...

On peut lire un roman comme on vit son histoire
D'abord un préambule et puis un déroulé
Qui peut couler de source ou briser la mémoire
D'un rêve détourné d'un coda refoulé

Il s'ouvrira toujours par la première page
Pour modeler le sens et gagner l'intellect
Entrer dans le récit suivre son découpage
Et parfois dans l'osmose étreindre notre affect

C'est une autre aventure avec la poésie
Pas de chronologie à l'égard d'un recueil
La trame est contingente ivre de fantaisie
Toute page au hasard se prépare à l'accueil

Ceci signifie-t-il que les mots qui précèdent
Ont une quintessence accessible au non-lu
Une idéalité que le verbe concède
Au principe vivant que la pensée exclut

Car sans nécessité l'écriture est espace
Qui s'ouvre entre les mots bien avant le parler
Bien avant la grammaire au-delà d'une trace
Qu'une voix de synthèse essaierait de voiler...

D'une métamorphose…

Il nous suffit parfois de retrouver un site
Figé dans la mémoire et le voir différent
Il s'est modifié comme un pacte tacite
Car rien n'est immuable et là c'est apparent

L'époque qui refond les données temporelles
Affecte aussi l'espace et même un végétal
Voire même un objet sont soumis aux querelles
De l'altération c'est un concept vital

C'est la même remarque avec une personne
Que l'on trouve changée et bien sûr avec soi
Nous allons vers l'après rien ne nous emprisonne
C'est le temps qui transforme et nous savons vers quoi

Mais au long de la vie une toute autre mue
Quelquefois nous surprend celle des sentiments
Et des émotions car cet écart remue
Plus encore que l'âge et que ses arguments

Jamais nous n'aurions cru sans vivre une rencontre
Ou sans nous retrouver dans la confusion
D'un jour paradoxal que la psyché se montre
Si précaire et fragile et c'est l'implosion

Une fièvre nouvelle est toujours déroutante
Car rien n'est stable en soi tout peut se renverser
Notre affectivité n'est au fond que flottante
Le serment du toujours ne vient que converser

Et s'en laisser surprendre est toujours une épreuve
Qu'elle soit dans le sens où l'on se méconnaît
Qu'elle soit dans le sens où le « je » s'en abreuve
Il faut apprivoiser cet autre « soi » qui naît

Car tout va tout devient même notre nature
A rien n'est attachée est-ce là son tourment
Ou toute sa beauté le sel d'une aventure
De sa propre mouvance à l'accomplissement…

Des traces immuables…

Se frayant un chemin parmi les catacombes
Des souvenirs défunts la mémoire entreprend
Un long travail de deuil entre berceaux et tombes
L'écho qu'elle provoque elle-même la surprend

Elle se tient pour prête et la grille rouillée
Qui coffre son histoire en a bien aussi l'air
Le temps semble l'absoudre et l'image brouillée
D'un semblant de douceur ne dure qu'un éclair

Et s'imaginant libre elle marche sur l'âme
Du passé pris pour mort et comprend d'un soupir
Qu'elle retrouve intacte une souffrance infâme
Dont elle avait eu tant de mal à s'affranchir

…

On prend pour de l'oubli la marge du silence
Le partage des jours suscitant des romans
Mais dans chaque idéel toute réminiscence
Réveille l'existence où stagnent des tourments…

Osmose charitable…

Dessiner un mirage évoquer des images
Et donner à la nuit la lueur des serments
C'est la sérénité des intimes voyages
Portés par le silence et les chuchotements

Osmose charitable au sein de l'habitude
Le partage des jours qu'on prend pour de l'ennui
C'est aussi la douceur de cette incomplétude
Où la chimère enlace un réel qui s'enfuit

La solitude à deux prend soin de ce fantasme
Une alchimie unique à chacun des esprits
C'est le « jardin secret » l'intime enthousiasme
Que le sentiment veille il en est même épris

La tendresse s'accroit de ce respect pudique
Abritant le fragile abandon de l'Aimé
Pourquoi vouloir savoir la raison du cantique
L'entente se nourrit de ce non-exprimé

Dessiner un mirage évoquer des images
Et donner à la nuit la lueur des serments
C'est le noble présent des intimes partages
Qu'il porte nos soupirs et nos rêves amants…

Perpétuel serment…

Il est vrai que la vie est un enchaînement
De séparations puisqu'il faut toujours rendre
Ce que le cours du temps nous prend tranquillement
Une banalité que rien ne peut suspendre

On quitte ses parents puis grand nombre d'amis
Un village natal et toute son enfance
Sans parler de tous ceux à jamais endormis
C'est ainsi qu'un matin l'on quitte l'innocence

Une succession de petits grands adieux
Qui nous conduisent là tout près d'une évidence
Mais peut-on recueillir les larmes de nos yeux
Pour assouvir la soif le désir d'existence

Tout ce que l'on doit perdre aurait-il vu le jour
Que nous n'aurions plus rien pour nous surprendre encore
Nous nous éteindrions au point du non-retour
Dans l'ankylose de ce qui ne peut éclore

Un lendemain toujours est en gestation
Dans un perpétuel serment de mise au monde
Car la vie est aussi cette succession
De petits grands berceaux qui renouvellent l'onde…

21 grammes...

Est-ce le poids d'un rêve ou celui d'un secret
Qui réchappe à la mort qui demeure mystère
Ce fragment d'un soi-même un débris indiscret
Un petit colibri que jamais on n'enterre

Est-ce lourd ou léger tout dépend du substrat
Et tout dépend surtout de ce qu'on lui consacre
Ni du sang ni des os inutile apparat
La présence d'une âme est-elle simulacre

Ce « membre » nébuleux quitterait notre corps
Mais pour rejoindre quoi pour habiter l'espace
Ou pour se dissiper à l'envers des décors
Un fluide éthéré que l'univers efface

Ces grammes immortels fascinent mon mental...
Et j'aime imaginer qu'ils vont à la rencontre
D'autres grammes rendus dans un souffle vital
Sublimant l'infini que la fable démontre

Et j'aime imaginer qu'en chaque être vivant
Il serait cette part d'éternelle semence
Une immortalité dans le temps s'achevant
Qui l'habite et devient sa véritable essence...

Les traces de mes mots…

Ce besoin de descendre au plus profond du puits
De mes commencements pour pénétrer la brume
De mes songes latents pour trouver mes appuis
Dans l'abstruse mémoire où s'éveille ma plume…

Les traces de mes mots sont inscrites là-bas…
Quand mon encre suinte au creux des fontanelles
De mon histoire errante elle tient mes débats
Un souffle originel qui se vêt de dentelles

J'aimerais tellement le sentir frissonner
Et savoir l'exhumer du soleil des naissances
Racines oubliées que j'entends bourdonner
Des échos clandestins rimes de mes silences

L'insaisissable oubli dépose l'encrier
Au plus profond du puits quand s'éveille ma plume
Qui vient pour s'y laver parfois même y prier
Ce besoin de descendre et pénétrer la brume….

Ressources insoupçonnées…

Comme une idée en friche un espace en jachère
Le « possible » inhibé d'un horizon voilé
Devient très vite inculte et toute heure étant chère
Il est abandonné sans le moindre tollé

C'est ainsi qu'au final dans cet immobilisme
Toute notre aptitude à nous épanouir
Doucement s'atrophie et c'est le fatalisme
Qui régit le désir pouvant là l'enfouir

La sève s'ankylose à ne pouvoir se dire
Le regard réducteur les milliers d'interdits
Et l'on s'en habitue il ne faudrait médire
Un asservissement de par nos discrédits

Mais un jour une épreuve ou même une rencontre
Vont lever la censure et vont nous révéler
L'absent qui nous habite un versant qui se montre
Dont nous ignorions le souffle camouflé

On n'aurait jamais cru savoir prendre le risque
D'un peu de lâcher prise et de voir chavirer
Toutes nos inerties sans que le jour confisque
Un peu de certitude et nous fasse pleurer

C'est la grande leçon de ces forces nouvelles
Sur nos champs de ruine où s'effondre le sort
Le pouvoir de la vie à braver les séquelles
Qui soudain fait perler l'incroyable ressort…

Quand le ressenti-ment…

Tout mot dans sa mouvance achemine une idée
Décidé par celui qui veut la définir
Et la communiquer sans l'avoir évidée
De sa vocation de dire en devenir

Ou du moins c'est ainsi que serait la parole
Intention chez l'un de transmettre un penser
Auquel il donne vie et le style fignole
L'enrobage du tout pour le rendre sensé

Mais celui qui recueille est une autre personne
D'une autre acuité d'une autre induction
La sensibilité certains jours emprisonne
Et le faux jugement devient sa sanction

De la même manière un regard un visage
Un geste une attitude et l'échange est soumis
A l'ambiguïté d'une humeur de passage
Dialogue faussé sans même un compromis

Bien du ressentiment nait de cette maldonne
Elle est si difficile à concéder en soi
De la teneur du mot de celui qui le donne
A la valeur qu'il prend pour celui qui reçoit

L'intention chez l'un le ressenti chez l'autre
Si souvent décalés peuvent pourtant lier
L'osmose du Je/Tu le mot qui se fait nôtre
Est cet enchantement d'un pluriel singulier

Intelligences multiples…

Un cérémonial semblable à l'étiquette
Régit l'expression ministère du mot
Pour qu'il garde son rang l'éloquence est sa quête
Et la grammaire ainsi se fait carcan jumeau

C'est tout le bon usage et là le protocole
D'une règle établie imposant le décor
Mesure du discours dont le dogme raffole
La bienséance veille autant qu'un mirador

L'empire du langage ainsi que la logique
Feraient l'intelligence un excellent Q.I.
Un rite social presqu'idéologique
C'est la distinction d'un intellect précuit

Pour autant la finesse est autre poésie
Quelle place est donnée à l'affectivité
Ce n'est pas la raison qui se fait frénésie
Mais le code du coeur dans son intimité

Serait-ce une grammaire amoureuse et câline
Qui guiderait l'émoi qui le libèrerait
Une autre intelligence en gamme clandestine
Choral des sentiments quand l'appel est secret…

Béquilles ou tuteurs …

Serait-ce une nature ou serait-ce une essence
Juste une résistance ou même un bouclier
On dit « tempérament » le poids d'une apparence
L'ombre d'une psyché qu'il nous faut déplier

A partir de l'enfance une humeur de contexte
Le sentiment de soi par la mutation
Des gènes attachés c'est souvent le prétexte
De notre assentiment sans contestation

Pour autant ce miroir nous donne la mesure
Définit la vigueur d'un génome mental
Un contingent étroit sur lequel la censure
A peu de rendement l'apanage est fatal

Il faut bien faire avec sans se trahir soi-même
D'un côté nos travers d'un côté nos atouts
La personnalité n'est pas un anathème
Si nous en prenons soin sans auras ni tabous

Pour les uns c'est l'ardeur l'aisance est une chance
Les autres ce talent leur échappe souvent
Et bien inversement puisque sans préséance
A ces autres un don sera ressort vivant

Nous sommes à la fois ce tout qui s'enchevêtre
Héritiers d'une foule aux penchants bigarrés
Comment s'y confirmer dans notre force d'être
Et faire de nos traits des appuis préparés

On dit « tempérament » le poids d'une apparence
L'ombre d'une psyché qu'il nous faut déplier
La désenvelopper pour plus de transparence
Dans le clair et l'obscur en faire un allié…

Déferlement…

Si l'on peut s'abriter du soleil de la pluie
Quand le ciel généreux nous les donne à foison
Il est plus compliqué quand le vent nous ennuie
De taire sa rumeur de braver la saison

Car aucun garde-fou n'évite la bourrasque
Casquette ou parapluie ont ceci de commun
Qu'ils voltigent très vite au gré de l'air fantasque
Ils déroutent l'instant puis dévient le chemin

Image du bonheur image d'une larme
La lumière et l'ondée esquissent la couleur
D'un psychisme mobile et font souvent le charme
De ce bel arc en ciel à l'envers ciseleur

Mais le déferlement comme un coup de tonnerre
Qui dévaste l'accord entre nos sentiments
S'apparente à ce vent qui soudain dégénère
Emportant avec lui tous nos nantissements…

Du non-deuil à l'immobilisme...

Tourmentés par la peur de faire disparaître
Ne serait-ce qu'un bout d'un présent révolu
Souvent nous ne savons réouvrir la fenêtre
Dans l'espace étriqué d'un temps toujours relu

Il faudrait pour cela finaliser le cycle
Dans lequel nous stagnons car tout inachevé
Un chapitre de vie ou même un seul article
Empêche d'ébaucher un matin dégrevé

Tant qu'on n'a pas tourné la page d'une histoire
Il est bien compliqué de se renouveler
Car la vie est ainsi des « époques » en foire
Qu'il convient de conclure et même ficeler

Comment faire mourir déposer un suaire
Sur ce qu'on a vécu comme un fragment de soi
Car la mémoire alors serait ce sanctuaire
Où vient se recueillir l'abandon de la foi

Au pied de cette croix dans une jarre ouverte
Où verser l'accompli s'oxyderait la clé
De bien des cadenas si d'une audace experte
Nous savions le lâcher le temps serait bouclé

Cette forme d'oubli si providentielle
N'aurait rien d'un faux pas d'un manquement moral
Mais serait pour l'esprit paix existentielle
Et pour chaque prélude un substrat idéal

.../...

Tant qu'on n'a pas tourné la page d'une histoire…
Poussés par la terreur de devoir effacer
On saisit l'infini comme une échappatoire
A la mortalité sans pouvoir avancer….

L'avènement du soir…

L'avènement du soir développe les ombres
Un miroir menaçant sur la terre des pas
Qui revêt le visible en habits de décombres
Pour l'entraîner vivant vers le lieu du trépas

Elles ne fixent pas ce que l'on fait sans elles
Les silhouettes sont fidèles à la nuit
Leurs contours écorchés ne sont que les séquelles
De l'agenouillement d'un soleil qui s'enfuit

L'image au crépuscule est comme laminée
Rendue à la nature où nait tout postulat
Ailleurs que vers l'exil la cendre acheminée
Est chemin de poussière en son apostolat

Fondamentalement...

Condamnés à l'esquisse héritiers d'une amorce
Nous naissons dépendants puisqu'aucun nourrisson
Ne peut vivre autonome et même s'il s'efforce
D'affermir son instinct c'est déjà sa prison

C'est le propre de l'homme une espèce vivante
Qui vient inachevée alors que l'animal
Lui sait se débrouiller sa ruse est émouvante
Et son autonomie est atout peu banal

Est-ce une tragédie ou juste une antithèse
Que cette petitesse en tous les cas bien là
Et cette dépendance est plus que parenthèse
Car sous d'autres transferts on la retrouvera

Et comme une séquelle une peur archaïque
De perdre l'amarrage enchaîne la raison
Et la complexité d'un tourment mosaïque
Fait de nous des mortels soumis à leur saison

Et plus lointaine encore au fond des marécages
Des grottes oubliées toute une humanité
Nous conte les combats le revers des images
Témoignant la défense et la fragilité

Ancestrale survie en notre imaginaire
Un stigmate présent dans un trouble réel
Notre précarité toujours se régénère
Nés tout juste ébauchés d'un fragment d'idéel

Boomerang à deux faces...

Avoir le cœur si triste et « tout pour être heureux »
Ou demeurer paisible en traversant l'épreuve
Du dehors du dedans le bonheur est au creux
De quelle jonction que l'existence abreuve

Bonheur extérieur l'apparat serait roi
Et l'on ne peut nier le confort de l'aisance
Mais plaçant nos espoirs au final hors de soi
On risque l'amertume et même la nuisance

Bonheur intérieur il nous incomberait
D'en identifier sa source plus profonde
Est-ce mieux se connaître est-ce un mode secret
Une psychanalyse un état d' «être au monde »

Rien ne nous est donné mais rien n'est imposé
On veut tous être heureux mais comme une équivoque
Entre plaisir et paix l'emblème ankylosé
D'un nirvana durable est crédo de breloque

Et qu'un moment magique un instant d'absolu
Où la joie est soudain tout de suite accessible
Ne serait qu'éphémère un répit farfelu
Qui broderait le jour d'une humeur trop sensible

Une manière d'être intrinsèque au vivant
Qui subsiste au chaos qui transcende les heures
Sait épouser le calme en étreignant le vent
Dans un continuum en intimes demeures

Du dehors du dedans le bonheur est au creux
De quelle jonction que l'existence abreuve
Du monde vers soi-même un regard chaleureux
Ou de soi vers le monde une sagesse neuve...

Silence sans tain…

L'évident récuré la mort aseptisée
En excluant le germe inhérent au destin
Est-ce l'âme du temps qu'on a débaptisée
En le dénaturant d'un silence sans tain

Jusqu'à ne plus saisir le vibrato du voile
Ce trouble emmailloté d'un lange de verglas
Qui fige par besoin l'inamovible étoile
Faisant la sourde oreille au murmure du glas

Le tombeau contrefait nous prive de l'envie
D'aimer la vérité d'un réel tutoiement
Car en décapant l'ombre est-ce vraiment la vie
Qui s'exhume du monde ou juste un chatoiement

L'évident récuré la vie aseptisée
En excluant la mort on dessèche l'envers
Est-ce l'âme du temps qu'on a débaptisée
Tout en dénaturant l'écho des univers….

« Un être pour la mort » *...

Dans une quête humaine au souffle saccadé
Chaque être débroussaille un intime passage
Entre deux vents la vie un destin dénudé
Comme une brèche ouverte au seuil de son présage

C'est l'instinct de survie ou l'ensorcellement
Qui fonde le désir d'exister au possible
Tendre vers le bonheur et l'aimer tellement
Que notre incomplétude en est presqu'inaudible

Mais c'est la fin toujours qui s'exhorte au regard
En la méconnaissant nous bredouillons la vie
Evinçant son principe érigeant un rempart
Nous emprisonnons l'ombre et l'aube est asservie

Et si nous sommes tous liés par cet état
D'éphémères fuyants chacun sa raison d'être
Se nourrit du dilemme inhérent au constat
Que la mort nous attend qu'il nous faut disparaître

Certains feront le choix de feindre la candeur
Semblant de l'ignorer car trop paralysante
D'autres terrifiés hurlent de par l'odeur
Du plus petit rappel névrose qui les hante

Et quelques-uns la voient comme un soulagement
Lorsque d'autres aussi cherchent à s'y soumettre
S'entremêle la foi pour beaucoup boniment
L'évidence est complexe et le temps s'enchevêtre

.../...

Pour mieux apprécier chaque instant qui se vit
Doit-on la contempler dans sa force tragique
Dans sa fragilité d'existant desservi
S'éclairer de la mort « pouvoir être »* authentique…

*double référence au Dasein : « L'être là » d'Heidegger

De ses diverses mues...

Le souffle du tourment se recycle insistant
Comme s'il revenait toujours et sans relâche
Projeter son aura sur le miroir flottant
D'un mental qui ricoche et sans cesse rabâche
L'impossible raison du mirage existant

Il se métamorphose au gré de ses marées
Des lunaisons posées sur la pointe du jour
Et s'aventure au seuil des soifs désaltérées
Pour s'en revigorer drainant sur le pourtour
L'éphémère rosée en moires colorées

Comme un spectre stellaire il se scinde en éclats
Image évanescente et pourtant immuable
Sous différents versants ses échos sont appâts
Pour la ressouvenance ad vitam insécable
Qui là se régénère en multiples états

Il est parfois moteur mais d'ordinaire entrave
Le souffle du tourment déferle sur le temps
L'effluve de la morgue et le visage grave
Que la psyché reflète arrime les instants
Aux multiples étants que le sens désenclave

Le spectre de la mort se recycle insistant
Comme s'il revenait toujours et sans relâche
Projeter son aura sur le miroir flottant
D'une ombre qui ricoche et sans cesse rabâche
L'impossible raison du soleil existant...

Eternelle trace…

Dans la suppression des pseudos oubliés
D'anonymes tombés sous les stéréotypes
Des fables de la toile aux pouvoirs séculiers
Demeure le substrat d'intimes prototypes

Peut-être jamais su quels étaient leurs prénoms
Peut-être aussi trompés sur leurs justes mobiles
Cette foule se fond dans différents chaînons
Qui pourtant vont forger des trames volubiles

Un ciel incognito protège les échos
De nombreux avatars et prolonge le souffle
Ombrine d'une icône aux airs de calicots
Qui sobrement soutient l'attrait qui se camoufle

Des pseudos oubliés des êtres clandestins
Comme un peu « pour de faux » peuplent l'insaisissable
A l'envers des décors spectres sur strapontins
Qui vont dodelinant nous chanter l'immuable…

Permis de construire...

Surélever l'espace agrandir l'intervalle
Pour accroître le temps cramponner l'infini
En portant le semblant d'un final en cavale
Vers l'inachèvement d'un matin racorni

L'intime certitude apprend de ses parades
Elle privilégie un futur à bâtir
Tout en interpelant le haut des barricades
Qui habillent l'écart entre naître et mourir

On érige une école à l'égard de la vie
Car les enfants nouveaux viennent nous rattraper
L'instant d'éternité tendrement nous convie
De cette surenchère on aime se draper

Nous vivons tous ensemble à l'entour du possible
Portés vers l'avenir allant toujours plus loin
C'est comme un purgatoire au regard réversible
Un négatif fleuri dont nous prenons grand soin

Car simultanément la crypte fructifie
On sait bien que l'assise où s'émerge demain
N'est faite que d'envols et la mort planifie
L'agencement vital de l'épisode humain

Tout près de l'édifice on voit cet autre ouvrage
Qui doit monter de pair aussi de quelques pieds
C'est le grand cimetière où le besoin fait rage
On donne l'exeat deux permis copiés

.../...

Il faut faire la place aveu de l'existence
Introniser les uns porter leur devenir
Et les autres soufflés doivent à l'évidence
Quitter le paysage et naître au souvenir

Surélever l'espace agrandir l'intervalle
Pour accroître le temps cramponner l'infini
Oublier le signal d'une bande rivale
Et consacrer toujours dans l'embrouillamini…

Brèche ouverte....

La peur de voir partir ce « quelqu'un » que l'on aime
C'est déjà se damner dans une assomption
Car on ne peut prévoir ce serait du blasphème
Le calendrier de la séparation

Pour autant c'est certain la mort va donner suite
A son sinistre but elle continuera
De nous séparer là l'équivoque est réduite
A cet ordre inconnu qui nous désavouera

Car si le temps prouvait toutes nos hypothèses
L'anecdote du sens serait un postulat
Principe de raison qui soutiendrait sa thèse
Et l'existence alors oracle d'un prélat

Descente en la douleur de signer la maldonne
De devoir recueillir un bris d'éternité
Offert avec amour sans que le choix pardonne
De ne l'avoir gardé dans la gémellité

La déraison de vivre assigne l'appétence
De désirer bien plus que ce que le destin
Nous accorde en partage et c'est la repentance
Plus pesante est l'épreuve et plus trouble est le tain

Mais ne pas s'attacher pour ne pas le permettre
Ce serait exister que pour ne pas mourir
En sachant que la vie emporte pourtant l'être
Ce « quelqu'un » que l'on aime et qui pourrait partir…

Quand l'image s'abandonne…

L'image s'abandonne au ravage du temps
C'est le vieillissement qui lézarde l'argile
Quand le Dieu Créateur de nos doigts consentants
Cisèle l'Eternel d'une étreinte fertile

La couleur de nos yeux n'a pas batifolé
Sur l'irréalité des chemins d'allégresse
Ils sont restés jumeaux sous un pleur insolé
Le « chez-soi » du regard tendrement le professe

L'ascendance toujours se trouve dans nos traits
Parce qu'elle a blanchi de pair avec nos âges
Nous l'avons recueillie en nos propres retraits
Et nos pas marginaux ne sont que frelatages

Pour autant cette fresque en l'intime miroir
Se disjoint du divin car son obsolescence
Ecartèle le sens on ne peut concevoir
Que notre achèvement puisse en être l'essence

Est-ce une identité plus qu'une égalité
Par l'affaiblissement d'un corps qui se décharne
L'image serait-elle éprouvante unité
Entre un hier frivole et demain qui s'incarne

Nos portraits sont ainsi nos troublants messagers
Imprégnés d'immortel de par leurs sacerdoces
S'ils payaient le tribut des déclins présagés
Les rides ne seraient que sinistres négoces

L'image s'abandonne au ravage du temps
C'est le vieillissement qui lézarde l'argile
L'à-venir temporel aux échos chevrotants
Qui chante le sillon d'une beauté subtile…

Je ne suis pas politicienne…

Mais ces plans les plus noirs qui nourrissent ma peur
Comme normalisés par de nombreux sondages
Semblent complimenter le bien-dire trompeur
De cet instinct de mort sur les achalandages

La matrice publique où le crime est moteur
Excite constamment cette appétence sombre
Agrainant le délire appâtant l'électeur
Vers ses penchants obscurs que le malaise encombre

C'est l'animosité qui régit le sujet
Comme cette pulsion de férule hérétique
Une fièvre de masse en slogan de rejet
Qui voisine le fond du nettoyage ethnique

La faconde est perfide au service du mal
Que l'on réveille en l'être éternel parricide
Réactivant toujours un empire sismal
Où résonne le cri de l'Humain qu'on trucide

C'est un Etat de droit qui nous donne ce choix
Qui permet la parole à l'idéologie
Un paradoxe habile arbitré par nos voix
Aussi par les médias que la raison plagie

S'inscrire dans le rang des citoyens votants
C'est s'inscrire de fait dans une chaîne humaine
L'identité du peuple est le maillon du temps
Comment la rétablir sans souscrire à la haine…

Défaufilant l'aube avant même l'éclair…

Quel est cet infini qu'il nous faut désapprendre
Dans le deuil d'un mirage aux nuances de cendre
Exhumant l'éphémère et le livrant au temps
Qui va le dépouiller de l'âme des instants

Lorsqu' au cœur de la nuit les aiguilles basculent
Qu'au fond de la chimère il les désarticule
L'ampleur de ce chaos le rend presqu'irréel
Tant le crédo de l'être est baigné d'idéel

Mais le déferlement d'un chagrin qui balaye
Sa propre expérience et le souffle bégaye
En s'avouant fragile il découvre hébété
Le triste dénouement de son éternité

On ne veut pas savoir on ne veut pas admettre
L'insolence du rêve à l'aube du peut-être
Assourdissant l'écho d'un consentement feint
Dans la réalité de notre propre fin

Car c'est bien l'infini qu'il nous faut désapprendre
Dans le deuil d'un mirage aux nuances de cendre
L'ampleur de ce chaos le rend presqu'irréel
Tant le crédo de l'être est baigné d'idéel…

Aller vers le silence…

Lorsque la vie un jour étrangle la parole
Aspire d'un seul jet l'éloquence des mots
Capable d'engloutir le serment qui console
Elle évide l'abîme en flottements sismaux

Tels des sables mouvants qui s'imprègnent de l'homme
Ils gondolent l'espace où chancèle le pas
Le silence est avide et béant il consomme
Multitude d'aveux les menant au trépas

Le chaos qui s'installe est-il rien qu'aphasie
Est-il incohérence au sein de l'entre-temps
Sommeil de l'angélus comme une euthanasie
Ou bien les contresens sont-ils préexistants

Car si la mort était comme l'appel du sable
Un aven sulfureux capable d'absorber
Alors elle serait vivante et donc palpable
La raison décousue est un leurre enrobé

Lorsque la vie un jour étrangle la parole
Aspire d'un seul jet l'éloquence des mots
La quête du parlant comme une parabole
Paraphrase l'écho de ces puits baptismaux…

Calcul absolu du rapport à la vie…

Pour l'enfant de deux ans cette année écoulée
Dans un calcul posé c'est algébriquement
La moitié de sa vie une longue foulée
Dans un temps perdurable où le compte est dément

C'est une éternité tout juste s'il en garde
La mémoire du seuil l'équivalent pour moi
De 25 ans de vie et soudain je regarde
L'arbitraire du temps le cœur baigné d'émoi

Car une année à vivre équivaut à mon âge
Tout juste au cinquantième infime fraction
D'une histoire passée où déjà le voyage
Abrège la durée et borne l'action

Et puis finalement par ce même principe
Si je vis les 10 ans qui restent à venir
Ils seront mon sixième et lorsque j'anticipe
Qu'est-ce que ce fragment remis au souvenir

Dans sa perception c'est le même intervalle
Que juste 18 mois lorsque j'avais 10 ans
Cette marge me semble infinitésimale
Mais pourtant c'est ainsi des quotas écrasants

Toujours on me disait que le temps passait vite
Mais quand j'étais ado j'étais dans le ratio
Où l'année était longue et surtout sans limite
Le tout reconductible éternelle démo

Mais là c'est plus pareil c'est fini l'avantage
Ce mode de calcul évalue au verso
Ce qu'il me reste à vivre est moins que le passage
D'une petite année affectée au berceau…

L'oxymore du désir...

Si l'essence de l'être est force d'exister
Voire même un appel en quoi le suicide
Effroyable chaos pourrait-il assister
L'ultime liberté que la mort élucide ?

La mort n'est rien pour l'homme il ne la connait pas
C'est un acquis fictif vide d'expérience
Il ne peut donc avoir de désir du trépas
Juste un désir de vivre en mal de surbrillance

Que la mortalité doit être vérité
Est bien sûr raisonnable il faut la prendre en compte
Même s'en éduquer plus que la réfuter
C'est parce que mortel que l'étant se confronte

Mais on ne peut vouloir son propre étouffement
Qui ne peut être inscrit dans l'inhérent principe
De son être présent c'est l'acheminement
D'un mobile extérieur que la cause émancipe

Comme un germe extrinsèque un gré toujours « dehors »
Car la vie en substrat ne pourrait pas inclure
Le désir de mourir mais quel secret alors
Crucifie un vivant sur une déchirure

Pourquoi vouloir savoir ce serait mensonger
Beaucoup de vanité l'impudeur de l'éthique
Chaque grand philosophe a tant interrogé
La nature de l'être aucun n'est prophétique

C'est l'amour de la vie un unique désir
Le désir de bien vivre amoureux de la sève
Que celui qui remet son souffle au souvenir
Eprouve en désespoir que le supplice achève...

« Les oiseaux se cachent pour mourir »...

J'ai refermé le livre à la dernière page
Escapade accordée au carcan trop étroit
D'un réel absorbant si souvent chronophage
Pour m'esquiver ailleurs et lire est passe-droit

J'ai feuilleté la vie en entrant dans l'histoire
Pénétrant le miroir dans lequel je parcours
Chaque jour des reflets comme si ma mémoire
Révélait dans l'instant les détours les plus courts

Une complicité que le repli prolonge
L'intériorité d'un partage reçu
Romancière vivante et si près de mon songe
Que j'ai décloisonné cet accord aperçu

J'ai refermé son livre à la dernière page
J'ai souhaité dès lors en savoir autrement
Sur celle qui m'avait emmenée en voyage
Clandestinement sur les ailes d'un roman

J'ai feuilleté sa vie en entrant dans l'histoire
Imprégnée de présent de sa proximité
J'ai découvert alors il me faut bien le croire
Morte en deux mille quinze est-ce une absurdité

Une complicité que son repli prolonge
Au-delà de l'espace étriqué de mes pas
Au-delà du visible au-delà du mensonge
Demeure ce frisson transcendant le trépas

Comme la rose qui donne son parfum...

La douceur de donner peut-elle être plus grande
Que celle d'accueillir le don que l'on nous fait
C'est ce qui semble écrit noblesse de l'offrande
Présenter sans compter l'altruisme parfait

Mais d'abord recevoir est-ce donc si facile
Oeuvre d'humilité qui bouscule l'égo
Préférant tant se croire autrement que fragile
Se ressentir petit c'est jamais très réglo

Redevable à personne et pas même à sa mère
Et pas même à son père amour-propre pervers
Qui ternit l'absolu d'une pelure amère
Asséchant toute sève au néant des hivers

Mais donner pour attendre est aussi narcissique
S'offrir la gratitude est rendre au figuré
Plus brillant le miroir reflet emblématique
De sa prédominance où l'acte est facturé

L'élision de soi serait-elle impossible
Eclipse de l'égo pénétré par le don
Quand l'instinct de la vie est cet indivisible
Qui se donne à lui-même au plus fort du pardon

Depuis la nuit des temps toujours la vie enfante
Il est dans son essence un naturel offrant
Raison fondamentale aumône triomphante
Recevoir et donner le souffle s'engouffrant

.../...

Et c'est avant d'aimer que déjà vient l'offrande
Sans l'avoir demandé l'être est bien l'héritier
Du bonheur d'accueillir sans morale marchande
La vertu de donner c'est un miracle entier

Ainsi serait l'humain s'il était magnifique
Détaché de lui-même et sans but motivant
Autre que s'embraser pour le mobile unique
D'une ivresse indicible à s'éprouver vivant…

T'es toi…

Quand la trace dévêt l'apparence idéelle
Pour revenir d'un coup fouetter le remords
Que la laideur revient sous les traits du réel
Incarnant la démence en sombres métaphores
La mémoire se teint d'un indécis pixel
Qui crypte le miroir en multiples raccords
L'amnésique enivré que la marque ensorcelle
Diffame sa terreur dans le vent des décors
Souvenir abîmé d'un seul coup de scalpel
Le silence s'emplit de clameurs insonores
Et la psyché jouet d'un intime duel
Se transforme en zombi dans de noirs corridors
Où le mot refoulé sournoisement s'épelle…

« ça parle là où ça souffre » (Lacan)

Au cœur d'un seul partage…

Comme un accord tacite à l'endroit du silence
Processus de défense ou superstition
Taire tous ses tracas face à leur évidence
Pour tromper le destin lui faire objection

Il s'appelle déni voire même mensonge
C'est comme si caché le tourment risquait moins
De se concrétiser car le non-dit le plonge
Dans une abstraction qui s'abstient de témoins

Car on ne sait jamais si confier ses craintes
Incitait le malheur une auto-sanction
Qu'induirait le remords mieux vaut les idées saintes
Que la mise en plein jour d'une introspection

C'est ainsi que la peur disjoint tous ceux qui s'aiment
Un pacte corrompu qui n'est que lâcheté
Où chacun dans son coin pris dans son anathème
Ajoute à son fardeau ce leurre colporté

Mais il ne faut pas croire à tout ce marchandage
Pas envers l'existence et pas même envers Dieu
Exprimer l'hypothèse au cœur d'un vrai partage
C'est célébrer l'amour c'est sublimer l'adieu

Le devenir viendra forcément de lui-même
Sur le chemin de vie à l'instar d'une fleur
Qu'il nous faudra cueillir comme on cueille un poème
Qui parfois vient de loin d'aussi loin que le pleur….

Le charme d'une larme...

De ces papillons noirs qui viennent déposer
Au chevet du chagrin la perle de leurs ailes
Effleurant d'un baiser le voile ankylosé
Nait l'intime frisson des âmes sensuelles

C'est l'amoureuse étreinte entre le pleur touchant
De la mélancolie et l'ombrine lunaire
D'une douce tristesse au chant s'effilochant
Sur le diapason d'un « la » subliminaire

Epris son souffle entend le chuchotis feutré
Des spasmes suppliant la bonté de l'errance
Troublante volupté d'un soleil calfeutré
Qui câline la plainte et berce la souffrance

L'être fragile est tendre et goûte à la beauté
Du sentiment vibrant dans le blues qu'il caresse
S'abandonnant au songe enivrante clarté
D'un sanglot bienveillant qui gentiment paresse

Il respire cette onde et voit les papillons
Qui forment dans leur danse une courbe divine
L'âme épouse l'image aux légers tourbillons
Lorsqu'au creux du soupir des couleurs se devinent...

Quand le jour s'achève...

Le silence adoucit le reflet qui s'éteint
La beauté du coucher blasphémait l'agonie
Mais la langueur du chant encense le matin
Qui mêle à la pénombre une grâce infinie

Car la chute du jour féconde le miroir
Du repos éternel dans lequel l'existence
Se mire et s'attendrit jusqu'à s'apercevoir
Dans la douceur de l'aube en intime élégance

L'âme s'abandonnant s'efface doucement
Se fond dans le trépas mirage de la vie
La lumière à voix basse égrène le tourment
Inclinant sa noblesse au blues qui nous convie

Elle irrigue l'écho en déposant le pleur
Sur la pierre tombale où la complainte chante
Le silence adoucit le contre-jour veilleur
La beauté du coucher devient sa confidente

Séduisante alchimie…

Je vivais mes plaisirs d'enfant souvent frivole
Ma maison mon village et ceux qui l'habitaient
Et dans cette candeur l'ardeur en farandole
Des tous premiers émois déjà me visitait

Mais nous ne sommes pas de ces amis d'enfance
Qui savent tout de l'autre et grandissaient de pair
Nous étions séparés sans aucune souffrance
Puisque nous ignorions respirer le même air

Et cette part de vie était-elle promise
Sans même nous connaître est-ce que nous savions
Nous qui nous espérions l'avant-goût qui tamise
Et fait grandir l'amour sans que nous le servions

C'est comme une doctrine avec quelques adeptes
Ce mythe qui nourrit celui de l'âme sœur
Peut-on vraiment le croire au milieu des préceptes
Fantasme d'idéal tout baigné de douceur

La quête du secret de ces flammes jumelles
Qui se reconnaîtraient sous des cieux consentants
Dans une tendre étreinte et seraient immortelles
Il me plaît d'y trouver la raison de mon temps…

Sur le sentier de l'aube…

L'aube où derrière toi nous marchons en silence
Me ramène à la nuit qui ne finira pas
D'assombrir le décor de la réminiscence
Pourtant derrière toi nous marchons pas à pas

C'est la procession de toutes ces genèses
Qui talonnent la mort en pointant l'horizon
Emmenant le néant vers d'autres hypothèses
Où c'est le souvenir qui rythme la saison

Saisir l'après-demain dans les mains défleuries
Par le piétinement d'un temps qui s'est figé
Une vocation par-delà les prairies
Qui s'assèchent au pied de l'albâtre érigé

Car nous allons ensemble en glanant la semence
Dans le repli du deuil qui nous consume aussi
L'essence du cortège intime transhumance
Porte le frisson d'un requiem adouci

***

L'aube où derrière toi nous marchons en silence
M'étreint dans le brouillard enrobant l'infini
Qui fascine mes pas l'émouvante naissance
D'un sourire au lointain dont l'écho nous unit….

Fatum de l'existence...

Le tapis de la chaîne étale tous les membres
D'une poupée en cire à manufacturer
Qui deviendra modèle au gré des antichambres
Où sera présenté l'effet configuré

Et l'ouvrier s'active à parfaire l'ouvrage
Créant le mannequin charpentant son profil
Et même le fardant d'un délicat poudrage
Ici couvrant la colle et là masquant le fil

Dès lors il donne vie à des corps immobiles
Semblable à Geppetto qui créa son pantin
Ce poinçon d'idéal entre ses doigts habiles
Qui respectent la chair d'un instinct clandestin

Mais les nus sont égaux lorsqu'ils quittent l'usine
Qu'ils aient cette âme ou pas de chaque façonnier
Ils sont acheminés figures de résine
Vers une devanture au pied d'un plafonnier

Certains seront livrés aux plus riches boutiques
Revêtus de visons parés de diamants
Et d'autres connaîtront des sorts moins féériques
Juste là pour hausser de sobres vêtements

Voués au minimum promis à l'opulence
C'est un jeu de hasard au départ tous pareils
Les mannequins forgés à la même cadence
Ne partiront pas tous vers les mêmes soleils

Finalement l'humain c'est un peu la réplique
De ces zombis soumis censés les habiller
Fatum de l'existence un destin pathétique
Où l'identité n'est qu'aléa maquillé...

L'insaisissable déraison…

Comme dans une église où celui qui s'en va
Devient si dignement celui qui nous rassemble
Comme dans une épreuve où celui qui fléchit
Devient si noblement celui qui nous relève
Comme au cours d'une nuit

Où tout près de l'abîme
Le soleil éconduit
Façonne le sublime

Comme l'arbre sans fruit
Devient pour une plume encrier d'une sève
Comme le vieux portail d'un abri défraichi
Devient pour l'espérance un seuil à faire ensemble
Comme né d'un soupir l'éclat d'une nova…

La vie comme un jardin…

Sans l'odeur du berceau que serait la mémoire
Qui toujours nous ramène à la source du vent
Le parfum sensuel qu'achemine l'histoire
S'exhale d'un prélude à l'arôme émouvant

On ne saurait à quoi se rattache l'essence
De la réminiscence et jusqu'au sentiment
D'une nature intime en manque de fragrance
Errant sans signature errant sans fondement

Souvenir amnésique un point sans origine
Le passé mutilé projette son reflet
Sur le spectre vivant d'une quête orpheline
Qui promène son blues comme un vain camouflet

La poursuite du temps nous est embryonnaire
L'instinct d'un horizon pour autant primitif
Porté par la senteur d'un ciel tourbillonnaire
Qui grise la raison d'un effluve affectif

Sans l'odeur du berceau que serait l'existence
Rien qu'un fragment d'instant sans aboutissement
Le souffle de tout sens naît-il de sa substance
Qu'il nous faut revenir à son commencement…

"And the end of all our exploring
will be to arrive where we started
and know the place for the first time."

(Et tout au bout de la quête Parvenir à notre point de départ
et le voir comme pour la première fois.) T.S.Elliot

L'humanité silencieuse…

Si l'histoire commence au jour de l'écriture
L'avant-jour d'un poème en est sa préhistoire
Comme « un âge de plume » où l'art encore pur
Idéal absolu naîtrait pour émouvoir

L'horizon temporel d'une muse éthérée
Enonce la pensée en un signe limpide
Qui va transfigurer ce frisson généré
Et le cristalliser en format tabloïd

Mais la grâce est voyage errance inachevée
Eclose du divin rêvant même d'espace
Fantasme d'éternel que la main va lover
Au creux de chaque rime où le mot se fait sas

Le secret de son chant relève du prélude
Musique du silence encore universelle
Qui va carillonner son intime talmud
Vers l'intangible écho d'un vers mémoriel

Si l'histoire commence au jour de l'écriture
L'avant-jour d'un poème en est sa préhistoire
Comme « un âge de plume » où l'art encore pur
Idéal absolu qui se laisse entrevoir …

De ce regard qui mue...

De ce regard qui mue autant qu'il se retire
Quand il pose son pleur sur le bois du cercueil
Le mortel abandonne un reflet qui s'étire
Qui transforme les traits sur les marches du deuil

Car la mort change tout renversant les images
Elle refond les morts autant que les vivants
L'empressement tardif de leurs nombreux hommages
Va vite façonner des sentiments mouvants

On découvre l'absent son humeur ignorée
Un versant qu'il cachait ses faux-pas ses vertus
Parce que sa nature était inexplorée
La tombe modifie aussi les disparus

Elle métamorphose autant tous ceux qui restent
Car on n'est plus le même après avoir chanté
Le dernier requiem l'existant se déleste
De son éternité son rêve est supplanté

De ce regard qui mue autant qu'il se retire
Quand il pose son pleur sur le bois du cercueil
L'être frappé de mort se dépouille et soupire
Soit gisant soit debout sur chaque pan du seuil...

Mon âme grise...

L'âme est de ce cristal qui naît des origines
Insuffisamment mûr à l'état naturel
Il est corps apparent aux images voisines
En étant translucide au reflet visuel

Le mage illuminé va même ici prétendre
Qu'il peut lire à travers et filtrer l'existant
En dépouillant le temps pour pouvoir le distendre
Augurant l'avenir de ce miroir flottant

Je ne suis pas liée à cette prophétie
Croyant au libre arbitre autrement qu'au destin
Mais un frisson parfois trouble mon inertie
Comme un regard intime inhérent à l'instinct

Un frimas nébuleux qui doucement pénètre
Mon seul souffle vital pour le laisser perler
Parfois le transpercer jusqu'au cœur de mon être
Pour dessiner des flots qui viennent déferler

Les visages sont flous et les images vagues
Quand ma précarité frelate mon regard
Les faux-pas les remords sont de secrètes dagues
Qui fendent la psyché pour frayer un rempart

A l'abri du déni la brume se dissipe
Un cristal assombri qui fige mon allant
Il est mon âme grise et mon cœur participe
Au tout commencement d'un fatum insolent....

Miroir d'une âme...

Que l'on perde ses clés que l'on perde un objet
C'est toujours une absence une infime amnésie
Comme un passé rayé dépourvu de projet
Un instant qui s'endort étrange anesthésie

Qu'est devenu le temps lors de l'égarement
Disparu dans l'éclipse un cycle inefficace
Pour la trace mentale et prématurément
Le souvenir avorte un acte qui s'efface

En soi ce n'est pas grave une distraction
L'esprit sollicité sans cesse et sans relâche
Peut bien zapper léger brève soustraction
A la réalité qui toujours se rabâche

Et pourtant le malaise est autre que l'humeur
De ce drame banal la question latente
De la fugue du temps du vécu qui se meurt
La fable du toujours est-elle inconsistante

De l'objet au sujet transfert vers la terreur
D'oublier même un jour la valeur affective
D'un endroit d'une histoire un signe avant-coureur
D'un abîme effroyable où tout se désactive

Quand l'esprit est au seuil de son propre caveau
Et qu'il fait malgré lui la dernière foulée
Le cri de son adieu flagelle le cerveau
Qui s'affaisse égaré dans la nuit barbelée

…/…

C'est l'oubli du prénom de son petit enfant
C'est l'oubli d'un visage une personne aimée
La beauté d'une vie une plainte étouffant
La torture de la mort déjà toute embaumée

****

On ne peut déserter le lieu de l'abandon
La douleur d'une femme et l'auspice complice
Des lèvres dans l'écho lui murmurent pardon
D'avoir glacé son ombre en son propre calice…

Le châtaignier du Bouffay *…

Il a l'air d'être mort tourmenté par le temps
Ses grands bras tout noueux s'étirent dans la brume
Rudesse et dignité des contours déroutants
L'hommage du passé comme un présent posthume

C'est le vieux châtaignier qui depuis huit cents ans
Regarde voyager les chimères errantes
Confidences soufflées des aveux consentants
Des silences tissés sur des traces mouvantes

S'il pouvait nous conter les soirs qu'il a veillés
Protégeant les amants les serments clairs de lune
Les baladins fripons les yeux ensommeillés
Peut-être les croquants ressassant l'infortune

S'il pouvait nous conter le secret des sous-bois
L'histoire des sillons tout près du Pont de Forges
Comment la vie ici se chantait en patois
Le parfum des saisons le chant des rouges-gorges

C'est le vieux châtaignier qui pare ce chemin
Qui pare mon chemin suivant la longue marche
De notre humanité promenant vers demain
L'hier de tant de pas du sceau du patriarche

Il a l'air d'être mort mais il chuchote au vent
Cette immortalité saisissante présence
Qui dans le même temps fait trembler mon vivant
Emargeant le constat de mon évanescence…

« J'aurai l'air d'être mort, et ce ne sera pas vrai.
Ce sera comme une vieille écorce abandonnée,
Mais ce n'est pas triste une vieille écorce »
me souffle le Petit Prince… (A.D.S.Exupéry)

*châtaignier situé au bord du sentier piétonnier de la vallée du Gesvres – la Chapelle sur Erdre (44)

Dans l'intime murmure…

Si je pouvais souffler quelque chose à l'oreille
De la petite fille autrefois que j'étais
Lorsqu'elle ne sait pas l'avenir qui sommeille
Ce qui va survenir ce que je lui dirais

D'abord ne pas s'en faire elle sera choyée
Par la fidélité de ceux qu'elle aimera
Leurs pardons accordés leur douceur côtoyée
Et cet attachement toujours la charmera

Aussi qu'il faut apprendre à parfois se défaire
Se défaire du rêve et perdre la candeur
En percevant la vie et sa cause éphémère
Ses passages en force et même sa laideur

Qu'elle lâchera pied de temps en temps sans doute
Quand il faudra quitter quelqu'un qui la guidait
Quand il faudra pleurer par-devant la déroute
Quand le destin rira de ce qu'elle attendait

Mais pour autant le jour sera toujours aurore
Toujours une genèse un appel à goûter
Un instant de bonheur un cadeau qu'elle ignore
Un baume inattendu qui saura l'envoûter

Surtout qu'elle s'attache à chercher sans relâche
Ce qui la rend unique et la fera grandir
Sur son propre chemin que sans cesse elle sache
Que sa beauté l'habite et ne peut l'assourdir

…/…

Et j'aimerais lui dire aussi que même grande
Elle demeurera toujours petite enfant
Qu'elle peut se bercer quand le besoin quémande
Un peu plus de douceur un câlin réchauffant

***

Si je pouvais souffler quelque chose à l'oreille
De celle qui sera lorsque je m'éteindrai
Je lui dirais je crois que l'amour est merveille
Qu'il durera toujours même au couchant cendré…

L'idéal migrateur...

L'idéal migrateur qui transporte tout être
Aux quatre coins du rêve est-il fugacité
Un chimérique exode au désaveu de naître
Qui farde le revers de la duplicité

La pudeur des anciens dignement le rappelle
Car enfants du pays nous rentrerons chez nous
Un blues silencieux que le voyage épèle
En marée amoureuse un ondoiement dissous

Un berceau de cyprès perché sur la colline
Une crique isolée ou juste un courant d'air
C'est presqu'une boussole une voix clandestine
S'éveillant en sourdine au creux d'un matin clair

L'âme de nos aïeuls là-bas comme une source
Elle adoucit l'absence et promène nos pas
Préparant le retour après la folle course
Parfois loin du pays qui ramène au trépas

L'idéal migrateur qui transporte tout être
Aux quatre coins du rêve est-il fugacité
Odyssée éphémère aux seuils qui s'enchevêtrent
Sur l'inachèvement de sa félicité...

Insaisissable floraison...

Qu'est-ce qu'un réverbère allumerait en rêve
Quand il est renforcé par un plot de béton
Campé dans la banlieue où la rancœur élève
L'écran décoloré d'un mauvais feuilleton

Le soleil est hors champ lumière de commande
Qui dérobe l'étoile aux yeux du songe-creux
Privé de l'avant-nuit son reflet réprimande
La divagation des frissons amoureux

Et pourtant l'origine est toujours poétique
Une ville la nuit présage quelque part
D'un sublime couchant qui porte le cantique
Des idéaux vitaux par delà le rempart

Un décor enfoui qui souffle l'espérance
Au pylône tagué répandant sa lueur
Sur la planète éteinte où l'utopie est rance
A l'heure où le mirage enfante d'une fleur

Une fleur d'étincelle induite par l'artiste
Qui transcende le gris pour l'habiller d'échos
Révélant le soleil au chant du concertiste
Lorsque l'asphalte éclot sur les coquelicots...

(références à Saint Exupéry : réverbère, rêve, soleil,
étoile, planète, fleur)

Imperceptiblement grand…

L'immensité d'un jour peut renfermer autant
D'incroyables cadeaux magnifiques surprises
Qu'elle peut contenir tout en cohabitant
D'effroyables instants de terribles méprises

Et l'on contrôle peu le cours déconcertant
De ces évènements qui tantôt nous construisent
Qui tantôt nous défont l'équité désertant
La donne du destin que les faits retraduisent

Nul ne sait quel sera cet aujourd'hui flottant
Sur l'espace de vie où l'abri s'improvise
Incertain donc à risque il est là crépitant
Un risque qu'il faut prendre en faire sa devise

Consentir au présent c'est déjà l'acceptant
Tenter même d'aimer le sort qui cristallise
L'insolence vitale en portant l'existant
Au-delà du réel quand il l'immobilise

L'immensité d'un jour l'infini contrastant
Avec la brévité qui toujours fragilise
Petitesse du temps la grandeur de l'instant
Essence du Présent que l'inconnu baptise…

Dénouer l'ego...

De tout ego provient l'épreuve de la peur
« Je » se sent exister dissemblable de l'autre
Tout ce qui n'est pas « moi » dans un miroir trompeur
Fait de l' « être autrement » cet effrayant apôtre

De tout ego provient le rêve de grandeur
« Je » se sent exister comme unique mesure
Tout ce qui n'est pas «moi » l'absolu décodeur
Fait de l' « être autrement » qu'une vaine doublure

Dénouer cet ego c'est se savoir vivant
Sur des traits d'union dans un immense ensemble
Saisir l'identité dans l'accord émouvant
D'un évident écart qui pourtant nous rassemble

Devoir passer par l'autre afin de libérer
L'originalité de sa propre nature
Semble paradoxal mais le joug desserré
Nous affranchit du poids de ce « soi » qui l'obture

L'étranger disparait dans cet élan commun
Perçu comme semblable en gardant sa nuance
Chacun se reconnait sur un même chemin
L'épreuve de la peur connaît sa délivrance

Et dès que chaque ego vit dans l'apaisement
Il signe ses faux-pas comprenant ses limites
Et lâchant prise avec l'orgueil né du tourment
Le rêve de grandeur se tamise sans suites...

Troublante architecture ...

Tout ce qui se construit préalable vital
Repose sur un socle ossature de l'être
Structure d'un ouvrage ou même d'un mental
Genèse d'un affect que le savoir pénètre

Et même l'existence a ses propres appuis
De vraies fondations d'étonnantes assises
Aux échos plus profonds qu'un insondable puits
Qui renverrait le son de vagues indécises

L'ascendance en est une et l'aventure aussi
A l'encontre du temps le fondement s'agence
Parfois après le seuil d'un accès sans souci
Le jour est maître d'œuvre influant l'émergence

Ainsi tout est complexe et malgré le dehors
De multiples sillons sont comme des fissures
Qui menacent la base et tous ses contreforts
Lézardant l'invisible en sournoises plissures

Au détour d'un frisson tout pourrait s'écrouler
L'existence est fragile et les sourdes prémices
Sont souvent le substrat d'un néant refoulé
Un sous-sol baptisé dans de sombres calices

Tout ce qui se construit préalable vital
Repose sur un socle ossature de l'âme
Le schème de l'ouvrage est armure en cristal
Ephémère éthéré quand ce tout se desquame....

Relecture….

Chaque point dit final emmène l'accompli
Au seuil de son alpha lorsque la majuscule
Incarne l'idéal d'un désir sans repli
Et porte l'à venir du souffle qui bouscule

Une rétrospective inhérente au sujet
Qui s'enivre de sens pour pouvoir se construire
La ligne directrice est celle du projet
Que la réalité voudrait sans faute instruire

Car au commencement c'est bien ce qui prévaut
Ce qui bleuit la plume et même l'existence
Inciser un silence un prélude dévot
Qui conduira le geste en décelant l'essence

Mais voilà qu'apparait au sein du mouvement
Des éléments rugueux peut-être en parallèle
Justement à l'endroit de l'inachèvement
Où nous ne demandions qu'à nourrir l'étincelle

L'écriture la vie attirent nos ailleurs
Parfois même à rebours de nos propres prémices
L'éclat des garde-fous des sentiments veilleurs
N'est qu'un miroir sans tain pour graver les caprices

Et l'accomplissement se rit de nos refus
A signer l'abandon mais pour autant nous donne
Parfois l'inattendu démêlant le confus
L'éclairant d'une paix qu'une courbe fredonne

Chaque point dit final lorsque nous acceptons
Qu'il marque un épilogue est souvent une amorce
Le début d'autre chose et nous réinventons
Le désir autrement que le voile renforce…

Au cœur de quelle bulle…

Au cœur de quelle bulle on peut poser sa plume
Pour l'encrer de couleurs sans la faire exploser
D'un geste bienveillant recueillir son écume
L'ennoblir de silence et là s'y reposer

Celle qu'il ne faut pas brouiller de paraphrase
Respect de son essence en la laissant planer
Seulement l'entrevoir aimer ce qui l'embrase
Un intime poème à ne pas profaner

Car les mots au fond d'elle exhalent la fragrance
De la rime absolue et vouloir la saisir
C'est souvent donner corps au tourment de l'errance
Qui la cendre de gris frelatant le désir

Au cœur de quelle bulle on peut poser sa plume
Pour l'encrer de couleurs sans la faire exploser
Accoster le cocon d'un réel dans la brume
Sentir vibrer l'écho d'un souffle ankylosé….

Tout est question de « choix »….

On porte tous en soi ce monde intérieur
Ignoré par les uns bafoué par les autres
Un monde fait d'espoirs sur un passé rieur
Un monde fait de deuils de maux qui sont les nôtres

Des sentiments puissants l'animent en secret
Que l'on anesthésie au plus fort de la crainte
Dans l'étau d'aujourd'hui qui sangle le regret
Pour paraître innocent frivole et sans contrainte

On peut donc se résoudre à négliger le fond
De cet intramuros dénier sa misère
Etouffer sa richesse et le vrai se morfond
Au sein d'une mémoire à l'affect éphémère

Il est alors pareil à cet espace clos
Cerné par des remparts un lagon d'eau stagnante
Où croupit la marée au rythme des solos
Ces soupirs enfouis sous une ombre prégnante

On peut bien y plonger risquant de s'y noyer
De ne pas remonter pris dans cette bouillasse
Il est aussi possible en voyant chatoyer
Ses bienfaits étonnants d'en extraire la grâce

On porte tous en soi ce monde intérieur
Fait d'intimes oublis dans le creux du silence
Un frisson dormant vu du pont supérieur
Qui murmure à l'écho sa troublante évidence…

« Je ne savais pas alors que tôt ou tard, l'océan du temps nous rend les souvenirs que nous y avons enfouis » Carlos Ruiz Zafon

Quelle liberté pour l'artiste...

Est-ce un choix singulier qui permet de créer
Ou bien un sacerdoce un appel implacable
Qui domine l'élu ne pouvant qu'agréer
Cette nécessité souvent inapaisable

Cette vocation que l'artiste ressent
Vient-elle de la Muse image d'une flamme
Qui consume l'esprit puis doucement descend
Jusqu'au profond mystère où le vrai se proclame

Il serait son symbole et par lui l'énoncé
Comme un étrange instinct pour nous et pour lui-même
Eprouvant la grandeur d'un talent prononcé
La tâche de sa vie est là son anathème

Car il n'est qu'entre-deux parfois même en conflit
Avec cette exigence inspirant l'aventure
Ce n'est pas toujours lui qui par l'art s'accomplit
Les remous de son âme incisifs le torturent

Un véritable artiste a-t-il vraiment le choix
Il ne peut se soustraire à l'appel de la Muse
Force de sa nature ou tempo de sa voix
Elle épouse sa vie il épouse sa ruse...

Mais qu'en est-il vraiment du rêve...

Tout émerge du rêve autrement dit la vie
Désirer mettre au monde enfanter de l'amour
Et l'ivresse infinie à brûler de l'envie
De toujours embrasser la promesse du jour

Car chaque réussite est née ainsi d'un rêve
Ebauche du vouloir qui s'est cristallisé
Sur la réalité fertilisant sa sève
En faveur du destin pour l'immortaliser

Il faut savoir dès lors s'inventer sans relâche
Des raisons d'espérer des raisons d'avancer
Se prêter au désir de jouer à cache-cache
A l'envers du présent parfois mal préfacé

Le luxe d'une bulle où l'esprit se confine
Pour inventer la scène où tout est de velours
Un intime cocon retraite clandestine
Car même la raison n'en sait que les contours

Idéel nécessaire il n'en est que chimère
Glissante illusion qui déleste du joug
D'un existant morose il est baume éphémère
Il faut le tamiser décanter le grisou

Car si la fiction permet de se soustraire
Elle est aussi menace à la sérénité
Quand l'image ravage un mobile contraire
La vérité du fait manque de dignité

Caprice aventureux d'une ivresse infinie
A brûler de l'envie enfanter de l'amour
Tout émerge du rêve et nait la calomnie
Par procuration d'en déserter le jour...

Faire revenir le soleil par sa veille....

Quel est ce souvenir aux échos consistants
Qui pourtant n'a jamais possédé d'existence
Autrement qu'un mirage accompli dans le temps
Fidèle à la mémoire et toujours en latence

Fruits d'une illusion les rayons du passé
Sont teintés d'amertume ou parfois d'appétence
Décalques d'une empreinte au contour effacé
Qui même imaginée est une subsistance

Comme une histoire intime où chacun se construit
Un hier irréel où l'être se révèle
Ajusté par l'affect et le sens qu'il instruit
Puisant dans cette trace un savoir qu'il modèle

Réflecteur d'une image et dans son contre-jour
Le souvenir est là pour façonner l'offrande
D'un factum équivoque un destin sans détour
Et démystifier la raison qui quémande

Concepteurs d'une fresque où l'esprit s'établit
Nous sommes baladins d'une ébauche factice
Pénétrés par le rêve et détournant l'oubli
Quand l'ombre nous démet du tout premier solstice…

Naissance en poésie…

Un poème se vit bien plus qu'il ne s'écrit
Les mots au fond de lui donnent naissance à l'être
Que le maître de plume ignore en non-inscrit
Ils prennent âme et corps dans l'encre qui pénètre

Car c'est dans le dessin qui pointille la voix
Que la main fait miroir d'un parler chimérique
Une intuition près d'intimes convois
Qui conduisent en vers un souffle asymétrique

Tenu dans le blockhaus d'un virtuel étroit
C'est l'indéterminisme au fond qui s'improvise
L'auteur qui s'ingénie à créer le détroit
Se laisse mettre au jour sans qu'il ne s'en avise

Un poème se vit bien plus qu'il ne s'écrit
Il précède l'affect même dans son urgence
Que le maître de plume ignore en non-inscrit
Les mots au fond de lui lyrisent l'émergence…

Ce qui arrive d'inattendu...

Un regard une image ou même une musique
Emoi vertigineux comme trop de beauté
Qui dépasse l'acquis de l'épreuve esthétique
Dans une expérience en ciel inhabité

Syndrome de Stendhal ou trouble du voyage
Voyage intérieur d'un affect inconnu
La joie et la douleur d'un spasme qui ravage
Comme une explosion dans un cœur mis à nu

On parle de Florence et de tous ses fantômes
Fantômes des géants qui hantent la Cité
Tout dans la démesure et sous chacun des dômes
Une œuvre qui s'épanche en toute intimité

Celui qui la regarde en perd son équilibre
En est même angoissé car soudain tout brûlant
A quel drame inhérent réagit donc la fibre
Et sur quel sentiment l'ouvrage est aveuglant

Bien plus que la beauté c'est l'émotion pure
Qui s'appuie elle-même au-delà du distinct
Et qui rappelle à l'homme une déchiqueture
Vulnérabilité d'un mortel clandestin

On parle ici d'une œuvre il en serait de même
Lors d'une promenade une image un regard
Comme un instant de grâce une extase suprême
Qui transporte l'esprit sans même un faire-part….

"J'étais déjà dans une sorte d'extase, par l'idée d'être à Florence, et le voisinage des grands hommes dont je venais

de voir les tombeaux. Absorbé dans la contemplation de la beauté sublime, je la voyais de près, je la touchais pour ainsi dire. J'étais arrivé à ce point d'émotion où se rencontrent les sensations célestes données par les Beaux-Arts et les sentiments passionnés. En sortant de Santa Croce, j'avais un battement de cœur, la vie était épuisée chez moi, je marchais avec la crainte de tomber.
STENDHAL -1817-

Curieuse dépossession…

De tous ces apparats qui cachent la misère
Ces agendas complets nobles impératifs
L'étrange boulimie accélère l'enchère
Des sourires d'emprunt parfaits dérivatifs

Va-nu-pieds costumé l'excellente éloquence
Habille le silence et tant d'empressement
Cache autant de retards à sortir de l'errance
Qu'il exprime l'envers de l'accomplissement

L'indigence est ainsi la typique abondance
Du surplus en excès drape le dénuement
Souvent plus odieux qu'un peu d'insuffisance
Et pour s'en garantir le misérable ment

Où donc est la richesse amène dépensière
Si la misère existe en fonds attributifs
Elle est en pénurie opulence éphémère
Chiffonniers du réel aux rêves sédatifs…

Sentiment océanique…

Tout ce qui se dissout de l'être en l'univers
C'est comme cette vague en étonnante osmose
Avec tout l'océan qui sans aucun revers
Se géminant à lui doucement s'y dépose

Etre de ce « Grand Tout » qu'est cette immensité
Sans borne temporelle et sans borne cosmique
Dépasse l'empirisme et la capacité
De se déposséder de son principe unique

Peut-on se ressentir dans le plus grand que soi
En tant que simple humain sans frôler la frontière
D'une étonnante extase ivresse de la foi
Que l'inachèvement disjoint de la matière

Car on rejoint cela cette sensation
D'éternité perçue est épreuve troublante
Une élévation voire une attraction
Vers l'infiniment grand se voit bouleversante

Une telle beauté sublimant l'ici là
Porte l'Humanité vers son intime essence
L'effacement du temps ce terrestre aléa
Et le Cosmos se trouve éther d'une Présence

Tout ce qui se dissout de l'être en l'univers
C'est comme cette vague en étonnante osmose
Avec tout l'océan qui sans aucun revers
L'accueille avec Amour et la métamorphose…

Au-delà du miroir…

On se demande tous comment naître à soi-même
Posés diversement sur le seuil du dehors
L'ascendant de l'égo c'est comme un anathème
Qui défend la clarté d'un principe d'alors

On pourrait se trouver dans la psychanalyse
Peut-être aussi scruter l'oracle du savoir
Mais pour autant ce signe où l'on se réalise
Ne vibre qu'à l'instant où l'on sait s'émouvoir

Devant un paysage ou juste un beau sourire
Le lever du soleil un regard qui saisit
On existe vraiment c'est le cœur qui chavire
Le trouble nous ravit c'est lui qui nous choisit

Et soustrait de soi-même arrivé jusqu'à l'autre
On se sent bien plus fort oubliant de nous voir
On se découvre enfin le souffle se fait nôtre
Dans cette délivrance où l'on peut se mouvoir

Vouloir mieux se connaître en fouillant son histoire
En sondant son miroir c'est l'introspection
Du soi vers toujours soi ce chemin giratoire
Vers sa caricature en reflet-fiction…

L'espace d'une vie…

Pris dans tous les collets que nous dresse la vie
Guet-apens programmés si délicatement
La fuite est impossible et l'humeur asservie
Se morfond dans l'oubli de son consentement

C'est bien par abandon que l'être s'en ajuste
Se pastiche en vivant le pire et le meilleur
Il n'en a pas le choix le destin qui s'incruste
Fait de tout pèlerin qu'un pauvre vadrouilleur

Serait-ce démesure une sorte d'outrance
Envers l'humanité que désirer bien plus
Que la juste mesure offerte en existence
Attribuée à chacun peut-être au numerus

Ou serait-ce un talent sauver ce qui peut l'être
Se donner carte blanche au-dessus du filet
Refuser l'alibi d'un étriqué « peut-être »
Simplement savourer le serment d'un reflet…

    « -Etre réel n'arrive pas d'un seul coup
    (le cheval de cuir)
    - Tu le deviens. Cela prend longtemps »
    (Margery Williams – le lapin de velours-)

Soleil en clair-obscur…

Dans l'ombre du matin qui pour autant l'espère
Porté par l'hypothèse ou le fait du réel
Le soleil qui s'étire est un accord repère
Allongeant la chimère et son cadre idéel

Il ajuste le jour au plus près du mirage
Séduisant les esprits ravivant la ferveur
Et le corps s'y suspend réclamant son présage
Un baume radieux dont il sait la saveur

C'est ainsi qu'il rassemble avec mansuétude
Les chercheurs de lumière au seuil de l'âge d'or
Pour une parenthèse un heureux interlude
Bénissant leur entrain depuis son mirador

Et derrière les murs qui longent les rivages
Tout aussi pénétrant car semblable en ardeur
Il vainc de ses rayons le sang bleu des courages
Asséchant les regards abreuvés de douleur

C'est le hâle déteint d'un bien sombre mensonge
Qui cendre le vernis d'un soleil surchauffé
Comme il vitrifierait le sépulcre du songe
Sur les contours mouvants d'un reflet dégriffé…

Tumulte de la tranquillité…

Un train-train quotidien comme un accord non-dit
Entre la vie et soi quand le tourment gangrène
L'appétence vitale il est là reverdi
D'ordre et d'apaisement que l'intellect égrène

Dire « c'est comme ça » s'en faire une raison
Un calme sur mesure en soignant l'apparence
De la complicité murmure d'oraison
Que la douceur solfie à l'écho du silence

Serait-ce être docile un abord tout gentil
Sans animosité cette image impassible
Prise par habitude un cœur introverti
Qui s'offre à sa manière une allure paisible

Après tout pourquoi pas si c'est allant de soi
Qu'il vaut mieux « faire avec » et permettre ce pacte
Avec son existence un acte un peu de foi
Qui calme la rancœur quand l'esprit se contracte

Sans doute qu' « être sage » imiterait cela
Mais pour autant derrière un semblant de routine
Pas plus de complaisance et se camouflent là
Le désordre et la peur il n'est qu'une rustine

Le flegme bien souvent coupe court par dépit
A son inaptitude à gérer cette impasse
Mais ce n'est que façade un semblant de répit
C'est son impatience au fond qui le pourchasse

Un train-train quotidien comme un accord non-dit
Entre la vie et soi quand le tourment gangrène
Le désir d'aller voir dans l'ailleurs engourdi
Si grandit le ferment si s'étouffe la graine…

Dépendance affective…

Parce ce que l'on a tous parfois même à grand-peine
Vécu l'expérience un jour de l'abandon
Déjà par la naissance et l'angoisse soudaine
D'avoir été coupé du tout premier cordon

La mort d'un être aimé la rupture amoureuse
Et bien d'autres chagrins sont par la suite autant
De séparations rendant l'âme peureuse
Face à l'attachement fidèle qu'un instant

Il nous faut compenser selon nos caractères
Et chacun sa façon certains rechercheront
A survivre entourés les autres solitaires
C'est dans l'éloignement qu'ils se retrancheront

Mais au final toujours c'est bien la dépendance
Dans l'affectivité qui mène le sujet
Les uns par des liens pour combler l'évidence
Les autres pour s'armer contre un nouveau rejet

Se refuser d'aimer peut être la manière
D'échapper au danger d'encore se noyer
Evitement toujours d'une ombre prisonnière
De l'émotivité qu'elle veut rudoyer

Car tout être fantasme une osmose passée
L'idéal éprouvé lorsque deux faisaient un
Nostalgie au présent d'une ébauche enlacée
Qu'un mythe ou qu'un désir le syndrome est certain

Et c'est souvent de soi que l'on se déconnecte
En recherchant la foule ou bien l'isolement
Se remplir d'une absence en faire un dialecte
Nous sommes asservis perpétuellement…

Se laisser devenir…

Comme un rythme inaudible une infime broutille
Une image voilée un frisson camouflé
L'à venir éthéré que le destin pointille
Eperonne en silence un instinct essoufflé

Ces points avant-coureurs encore imperceptibles
Que la psyché reçoit parfois sans lendemain
Car vite abandonnés seraient-ils susceptibles
Si l'on était subtil d'aplanir le chemin

Une idée aguichante et tout autant stressante
Est-ce le postulat du seul pressentiment
En tant que vision d'une règle oppressante
Ou l'intuition fibre du sentiment

La sensibilité comme une prophétie
Percevoir l'embryon de ce non-révolu
Emoi mis sous écoute et l'écho balbutie
Le non-dit du vivant dans l'intellect exclu

Et le temps sans retour est-il si linéaire
Si dans l'émotion s'embrasent quelques flashs
D'un accessible ciel bien plus qu'une chimère
Où l'avenir s'éclaire au-delà de nos krachs

Peut-être est-ce un fantasme ou peut-être un mystère
Qu'une onde détiendrait ce don si sensitif
Dans une intimité que l'on ne saurait taire
Enlaçant le toujours un présage affectif…

Pierre de touche…

Comme une effraction dans l'intime mensonge
D'un mirage codé l'épreuve du tourment
Nous entraîne au bas-fond de tout ce qui nous ronge
Pour imposer le fait de l'inachèvement

Car c'est bien le revers et parfois la détresse
Qui nous condamnent à sonder la pauvreté
De notre mise en scène où la pièce maîtresse
N'est autre qu'un semblant sans souveraineté

Notre fragilité toute l'insuffisance
Et l'imperfection de notre vérité
Nous frappent de plein fouet souvent sans complaisance
C'est la brutalité de la réalité

Peut-être nécessaire il faut être lucide
Et bâtir sur la brèche un peu de sa raison
Pour se consolider quand le destin décide
De ne pas ranimer l'image en pendaison

Comme une effraction dans l'intime mensonge
D'un mirage codé l'épreuve du tourment
Dès lors que tout s'abroge effeuille là le songe
Des lambeaux de reflets qui rendent leur serment…

Fantasmagorie...

Courtiser le fantasme en caresser sa chair
Se glisser dans les draps de la douce chimère
Et se fondre un instant dans le vœu le plus cher
Si loin des yeux du monde au désir éphémère

Se glisser dans les draps de ce rêve insensé
Le plaisir n'est-il pas tout entier dans la quête
Dans l'intime frisson d'un souffle cadencé
Qui berce le mirage et charme l'amourette

Un flirt étourdissant qui colore la nuit
Quand le reflet fleurit sur la mélancolie
Dans l'avant-goût du goût l'image qui séduit
Est ce baume divin que la raison supplie

Peut-être que l'image un jour se dénouera
Qu'elle déposera la perle de ses ailes
Au chevet du matin quand l'amour avouera
Le doux embrasement des lunes sensuelles

Mais le délice alors sera-t-il si grisant
Que celui féérique où le pleur se dénude
Pour s'éprendre d'un rêve un baiser tamisant
Dans le creux du soupir le serment d'un prélude

...

Courtiser le fantasme en caresser sa chair
Se glisser dans les draps de la douce chimère
Et se fondre un instant dans le vœu le plus cher
Si loin des yeux du monde au désir éphémère...

Un autre temps, un autre moi…

Lancés sur écran plat des vieux films désuets
Références pour moi de ces années cinquante
Où mes propres parents jeunes ados fluets
Enfourchaient des vélos tout bons pour la brocante

Je regarde amusée un reflet dépassé
D'une époque inconnue affirmant la distance
Entre cet âge et moi de ce temps effacé
Qui fut pourtant le leur dans une autre existence

Puis soudain comme un clip juste une diapo
Ma mémoire projette une image inouïe
Tout aussi décalée assignée au dépôt
Une scène improbable à jamais enfouie

Tout nous semblait permis l'ordre étant différent
Chacun gérait sa joie et depuis la Bastille
Jusqu'aux Champs Elysées l'air était enivrant
Les années quatre-vingts l'escapade en famille

La voiture au complet même son toit béant
N'était pas dangereux surtout pas de ceintures
De la banquette arrière où tout était géant
Des blagues de bon ton nos rires immatures

Près de quarante années des souvenirs drainés
Pellicule enroulée au fond de mon histoire
Une étrange séance en fondus enchaînés
Souvenir obsolète au semblant dérisoire

…/…

Lancés sur écran plat mes vieux films désuets
Amuseront peut-être au hasard de la vie
Chacun de mes enfants des murmures muets
Sur mon vieillissement qui soudain me convie

Car je regarde émue un reflet dépassé
D'une époque vécue affirmant la distance
Avec leur aujourd'hui comme un temps effacé
Qui fut pourtant le mien dans une autre existence…

Entre image et raison...

L'image et la raison s'emparent de l'espace
Et prennent existence autant que le réel
Les sons et les odeurs reviennent d'une trace
Et la mémoire n'est qu'un reflet d'idéel

Et la vie est ainsi des chemins des croisées
Que l'on arrange un peu quelques ajustements
Mais ce n'est qu'un affront des lumières boisées
Des vérités filtrées d'intimes suintements

Un peu des orphelins perdus dans leur histoire
Dans de sombres allées qui n'en finissent pas
Cimetière sans tombe un lieu blasphématoire
Que l'esprit va saisir pour murer le trépas

Urbaniser l'écart c'est comme une évidence
Et même la pensée en prend possession
La substance du jour s'installe à résidence
La poésie est là troublante expression

Acquis de l'existant sentier interminable
Le sang-froid est de mise et puis la lunaison
Le soleil et le vent leur force indiscernable
Vont touchant le réel habiller l'horizon...

« Nous aimer avant » ...

Sur un présent fragile où s'accroît la tendresse
L'aube du crépuscule il nous faut la saisir
Avec quelle ferveur en garder sa caresse
Chaque petit détail chaque menu plaisir

Chérir intensément leur intime richesse
Avant de l'emporter pour toujours et partout
L'oubli ne ronge pas ce que l'amour confesse
S'il faut serrer les poings qu'on en prenne bien tout

Et se laisser gagner par cet aveu de vie
Muselant le tourment qui durcirait nos traits
L'abandon de l'instant fidèlement convie
Et mûrit l'avenir des lendemains soustraits

Comme si l'existence imposait sa mesure
Elle marque une pause et se perd dans l'écho
D'un trouble plus profond que le regard murmure
Au seuil de l'avant-nuit penché sur son berceau

Avec quelle ferveur en garder sa caresse
Chaque petit détail chaque menu plaisir
Sur un présent fragile où s'accroît la tendresse
Chérir intensément ce que l'on peut s'offrir....

L'aube du dernier jour...

Lorsque se lèvera l'aube du dernier jour
Aura-t-elle le goût de l'ultime rosée
Abreuvant d'un Adieu cette vie alentour
Qui drape l'évidence en fable ankylosée

Saurons-nous étancher notre soif à son puits
Fondu dans les lointains du décor immobile
Et discernerons-nous le frisson des appuis
Sur les extérieurs d'un contour malhabile

Lorsque se lèvera l'aube du dernier jour
Aura-t-elle le goût de l'ultime rosée
Une lumière neuve une ivresse d'amour
Serait-elle blasphème…offense déposée…

Sous l'angle du réel...

Nous n'avons qu'une vie un aller sans retour
Il faut qu'elle soit nôtre on ne peut la reprendre
Ni même l'échanger parfois juste un détour
Là pour faire semblant là pour la désapprendre

Ce qu'il nous faut vouloir on ne peut le savoir
Car nous ne pouvons pas l'éprouver à l'avance
Ni revenir dessus fin de non-recevoir
Pour celui qui voudrait effacer l'évidence

Tant de choix sans filet qui détermineront
Sous l'angle du réel le reflet de l'étoile
Qu'on nomme circonstance ils cristalliseront
Le décor du destin pour lui tisser sa toile

Et puisqu'on ne peut pas fuir l'horloge du temps
Faut-il ouvrir la porte à l'instinct d'amertume
Amoureux d'un mirage un rêve de printemps
Que l'on n'a pas risqué comme un mythe posthume

Amoureux d'un mirage... image ou bien miroir...
Il aurait pu bien naître et le visible glisse
Dans l'écho d'une brèche il se met à pleuvoir
C'est la mélancolie... et l'horizon se plisse

Mais draper le regret de l'habit du désir
Pour gagner le duel vérité arrangée
D'un mensonge vital c'est aussi dessaisir
La nature idéelle où l'âme est hébergée...

Vers quel amour s'abandonner...

Obtenir un sursis c'est toujours un espoir
Quand on est prisonniers retenus dans la toile
D'un fragile destin pris dans son entonnoir
Où le temps le desquame en esquille d'étoile

Ici l'évènement qu'on ne veut pas rater
Une fête une joie inscrites au programme
Depuis longtemps déjà le cœur l'a composté
Il faudra bien le vivre et qu'importe le blâme

Et l'on se dit alors qu'ensuite on verra bien
Car déjà cette grâce est là si consentante
Une trêve accordée on le sait oh combien
Dont la valeur présage une brèche latente

Car au fond que devient ce consensus nommé
Un pacte mensonger avec la destinée
A peine le présent se trouve consommé
Que naît une autre envie aussitôt dessinée

On en veut toujours plus c'est la loi du vivant
Jamais rassasiés de cette faim vitale
Qu'est celle d'exister quand l'amour se lovant
Au cœur de son Crédo la promesse est fœtale

Encore juste un sursis se surprendre à passer
Un contrat de survie avec quel alchimiste
Se damner dans un pleur pour pouvoir embrasser
Encore un peu de temps sur celui qui subsiste

.../...

Si le diable existait jusqu'où pouvoir céder
Se damner pour un vœu qui n'est que rebuffade
A la fatalité qui vient pour obséder
De sa réalité cet azur si maussade

Marchander avec lui pourquoi pas avec Dieu
Faire ceci cela pour un vil privilège
Pour obtenir de fuir extorquer un non-lieu
Pour échapper au sort qui tous nous désagrège

Triste religion qu'est celle du refus
D'accepter d'accueillir notre principe même
D'existant éphémère en proie aux vains raffuts
Du rêve et du tourment qui scellent l'anathème

Prétexte de l'amour qui répondrait ainsi
A ce désir si fort d'éterniser la vie
Celle d'un être proche et donc la nôtre aussi
Quand d'un banquet la table est déjà desservie

Presque noble prétexte et le remords moins gris
Permettrait ce crochet par un peu d'indécence
Songer à trafiquer les serments en grigris
Pour tordre le destin pour contrer l'évidence

Presque noble prétexte et le fuyant plus grand
Comme si le Cadeau qui rendrait l'âme digne
N'était en fait que dette et le blues déflagrant
Entre ces deux écarts de son pleur égratigne….

La vie qu'ils contiennent…

L'urgence est de se taire et d'écrire les mots
Qui désencombreront la stridente chronique
Des quiproquos en boucle aux faux-semblants jumeaux
Un brouhaha voisin qui n'est là que scénique

Pour un verbe épuré dans l'on-dit déserté
Je partirai bien loin… ce verbe qui peut-être
Portera mon émoi près de sa vérité
Tout près de son silence où j'aimerais renaître

Comme unis à travers un intime secret
Qui ne peut se comprendre on remplirait ensemble
L'espace de ce vide où l'horizon discret
Ne cesse de flotter depuis que ma main tremble

Deviendra-t-il un jour plus facile à saisir
Dans un retour vers lui dans une relecture
Des sentiments dormants plus profonds qu'un désir
Qui se révèleraient comme une signature

Des quiproquos en boucle aux faux-semblants jumeaux
Etouffent la genèse où les mots se déposent
J'aime pourtant les croire étincelants émaux
Tout près de ce silence où les âmes reposent…

Sans pièce à conviction…

Dans un retour sur soi dans un instant de doute
Pourrions-nous donc savoir quel serait l'argument
Qui nous confirmerait dans l'écho d'une absoute
Que l'on a su saisir ou manquer le serment

Le serment d'être heureux le voeu de « réussite »
Cet accomplissement qu'on ne peut pas chiffrer
Demeure le défi qui toujours nécessite
Cette déclinaison d'un bilan balafré

Quelle serait la preuve et comment la comprendre
La preuve d'un succès la preuve d'un échec
A l'échelle de l'être et de ce qu'il engendre
Selon tout un contexte il a dû faire avec

Les biens matériels comment les prendre en compte
Ce sont les plus distincts simples à mesurer
Mais ne témoignent pas bien qu'on se le raconte
De l'intime fortune où se restructurer

Le flot de trop d'égards doux à l'applaudimètre
Semble bien trop clinquant pour être vertueux
Parfois justifié comme une belle lettre
Il peut être trompeur voire présomptueux

Alors sur quoi compter pour pouvoir en débattre
Avoir une famille un ami confident
Est-ce histoire de chance une carte à rabattre
S'il convient d'en juger il faut rester prudent

Conscience de soi sentiment d'être au monde
Un rétro détaché dans un miroir sans tain
Qui ne peut réfléchir l'entité qui le fonde
Et de notre alibi le sens est incertain…

Sans vouloir refaire le chemin à l'envers...

Le présent près de nous comme un doux mot-valise
Dans lequel on remet nos plus beaux souvenirs
Et l'on voyage avec de balise en balise
On y range nos joies et parfois nos soupirs

Comme en pèlerinage où le cœur se déleste
De ce qui l'encombrait pour peut-être s'emplir
D'un autre essentiel la mémoire admoneste
Le trop d'immobilisme et voudrait s'accomplir

C'est son incohérence inhérente au tumulte
Que de vouloir freiner si pareille au regret
Et dans un même temps sa force catapulte
La soif de lui survivre au plus près du secret

Tout au long du voyage elle se transfigure
Et renouvelle ainsi l'intime balluchon
Dans lequel on confie un bout de l'aventure
Pour ensemble aller vers un ciel moins pâlichon

Le présent près de nous comme un doux mot-valise
Dans lequel on remet nos plus beaux souvenirs
Et l'on voyage avec de balise en balise
En portant notre histoire en portant nos désirs...

Le devoir, la morale et la vertu ...

Avoir le sentiment du devoir accompli
Etre « bien comme il faut » dans les yeux d'un principe
Qui nous conditionne à bannir le repli
Et se défaire ainsi de ce qui nous dissipe

Le devoir de mémoire et celui de l'oubli
Souvenir d'une dette et rappel d'une grâce
Souvent l'attachement n'est qu'accord établi
Comme une servitude au reproche vivace

Le devoir d'éprouver en tant que membre actif
Les normes d'une éthique et bien sûr s'en remettre
Aux actes concordants qui valent pour motif
Un peu de complaisance et forcent le mieux-être

Sentiment généreux qui blanchit le tourment
De notre incomplétude en « bonne conscience »
Avoir fait ce qu'il faut sans questionnement
Sans même un vague à l'âme une paix d'évidence

C'est si souvent le cas comme un bout de mandat
Qu'il nous faut honorer vis-à-vis d'une tâche
Même dans l'affectif l'opaque est candidat
Quand morale et vertu se jouent à cache-cache

...

Le devoir d'exister serait-il donc aussi
Un perfide anathème ou bien plus authentique
Une vocation magnifiant ainsi
La raison du vivant son intime cantique...

Au creux des fontanelles...

L'obscure acuité de ces regards qui savent
Est celle des exclus comme ces albatros
Qu'évoque Baudelaire échoués sur l'épave
De cet aveuglement qui tronque le cosmos

Le poète damné le grand penseur Socrate
L'errant de la caverne et bien même le Christ
Ont été diffamés sur l'aire scélérate
Des grands débats publics où l'on danse le twist

Immobiles au sol mais portés par l'espace
Ils étoffent l'ennui par quelques battements
Mais leur étrangeté provoque la grimace
Voire aussi du sarcasme et des chuchotements

Que faut-il mépriser pour s'éprouver tranquille
Pour vivre en harmonie éloigné des maudits
Qui nous faut-il trahir quand l'intime s'exile
Vers la mélancolie à l'aube des non-dits

L'obscure acuité de ces regards qui savent
Celle des albatros aux ailes de géant
Empaillées par l'esprit la donnant pour esclave
D'un verbe ligoté par le fil du néant...

Là où tout commence...

Vouloir se retrouver au cœur même de soi
Descendre en solitude au creux de ce qui brûle
Pour extirper la cendre et ses éclats de foi
L'intériorité serait-elle une bulle

Une bulle flottant au-dessus du réel
Celui que l'on dépouille en s'en croyant son centre
Celui que l'on s'invente enrobé d'idéel
C'est souvent son semblable ainsi que l'on éventre

Car on n'a pas en soi son aboutissement
Sans une appartenance avec une autre histoire
Et vouloir s'en extraire est souvent froidement
Manière de se perdre en extase illusoire

Prendre de la distance avec son « je » sujet
Paradoxalement serait clause première
De l'introspection l'Autre en avant-projet
A la clé du retour il est notre lumière

L'ombre n'est pas un lieu n'est pas non plus un temps
Comme un reflet changeant dans lequel on se mire
Descendre en solitude au milieu des instants
Et là s'y découvrir dans un Tout qui désire...

Mobile contraire...

De ce vieillissement celui de nos routines
Qui rouillent l'allégresse et l'émerveillement
On récite ses airs on scande ses comptines
Estompant les effets du désenchantement

Car on n'a pas le choix quand la saison nous lie
Il faut amonceler le poids du décorum
Le vivant se sclérose au seuil de l'embellie
Souvent sans l'entrevoir comme un vain post-scriptum

C'est lui notre reflet noué dans la même ombre
Que cette silhouette au mouvement tendu
Qui se ride soumise à tout ce qui l'encombre
Contournant l'inconnu comme un fruit défendu

Et si dans le miroir nous fuyons l'accordance
Il est pourtant témoin de notre dévouement
A servir ses raisons dans la surabondance
Pour protéger nos peurs et blanchir l'argument

Qui ne se complaît pas dans cet apparentage
L'univers familier de ces halos communs
Protège l'inertie et se donne en partage
Une complicité de sournois baisemains

Et pourtant on en perd jusqu'à son aptitude
A savoir s'attendrir dans la virginité
D'un regard aux aguets livrée à l'habitude
Flétrie avec l'écho comme une affinité

Alors cet aujourd'hui dont nous ignorons même
S'il verra son demain pourrions-nous le saisir
Prisonnière du temps chaque aube est un poème
Qui pleure le néant plus fort que le désir…

Le paradoxe du sentiment...

La force d'attirance est comme magnétique
Des « *aimants* » amoureux vont successivement
S'accueillir s'éconduire au rythme despotique
D'un amour clair-obscur rongé par le tourment

« Je t'aime moi non plus » scande l'inaptitude
A vivre la flagrance un aveu renié
Repoussé par la peur quand l'être en solitude
Se bat contre l'élan dont il est prisonnier

C'est aussi bien souvent toute l'invraisemblance
De ne savoir offrir autrement son amour
Que par malentendus n'infligeant que souffrance
Pour l'autre et pour soi-même à chaque carrefour

Et parfois se blâmer pour trop de ressemblance
Miroir que l'on rejette alors qu'on l'aime tant
Et cette incompétence à gérer l'évidence
Enfante la douleur en se déconnectant

Finalement s'aimer sans pouvoir se comprendre
Finalement s'aimer sans savoir l'exprimer
Jusqu'à vouloir s'enfuir alors qu'on veut s'attendre
Jusqu'à vouloir bannir ce qu'on veut sublimer

La force d'attirance est comme magnétique
« Je t'aime moi non plus » dans l'écho du miroir
Dans sa complexité l'amour n'est pas statique
De tant de contresens que nous faut-il savoir...

Dans le vent du voyage…

Comme à contre-courant la nostalgie immigre
De la vague commune où s'ébroue un réel
Qui désire oublier ce que l'aube dénigre
En voulant désapprendre un hier éternel

C'est ainsi que se creuse à l'insu du paraitre
Un espace profane où l'on vient se blottir
Tapissé de pénombre un endroit sans fenêtre
Pour ne pas aguicher ce qui ne peut sortir

Protéger sa mémoire est aussi la défendre
Au gré des courants d'air qui traversent l'humeur
Pourquoi donc s'en blâmer quand abreuvé de cendre
Le pleur vient apaiser le feu de la rumeur…

Ne jamais s'y faire ou s'y faire trop vite...

Toujours il faut apprendre à se faire au présent
Transformé par la vie et par ses embardées
Qui d'un coup vont briser le mirage apaisant
D'une promesse acquise au bon gré des idées

Même si nous savons que tout est passager
Que l'accident le deuil drapent le paysage
Sur lequel tous un jour nous devons voyager
Quand l'impensable est là le vrai nous dévisage

Et malgré nos efforts on ne peut s'y plier
On ne pourra jamais en prendre l'habitude
Compter que l'insensé puisse être familier
N'est pas cause plausible à notre incomplétude

Ne pas s'accoutumer à l'appauvrissement
De la prospérité c'est notre force d'être
Pour refuser le sort qui subrepticement
Aimerait se glisser sans se faire connaître

Mais gardons-nous aussi cette capacité
Dans l'instant bienfaisant de se laisser surprendre
S'étonner chaque jour de sa fertilité
Sans vouloir s'habituer à tout ce qu'il engendre

Dans un « tout nous est dû » tout ce qui rend heureux
Est pris dans le train-train la chance on s'y fait vite
C'est la banalité d'un ordinaire en creux
Et tous on désapprend sa valeur insolite…

TABLE DES MATIERES

Sans détour…	7
Conversation interrompue…	8
Un lange ou un linceul…	9
« Si c'était à refaire »…	11
Nimbés de mouvance…	12
Là où l'on se tient…	13
Sur un temps révolu…	14
D'une métamorphose…	15
Des traces immuables…	17
Osmose charitable…	18
Perpétuel serment…	19
21 grammes…	20
Les traces de mes mots…	21
Ressources insoupçonnées…	22
Quand le ressenti-ment…	23
Intelligences multiples…	24
Béquilles ou tuteurs …	25
Déferlement…	26

Du non-deuil à l'immobilisme…	27
L'avènement du soir…	29
Fondamentalement…	30
Boomerang à deux faces…	31
Silence sans tain…	32
« Un être pour la mort » *…	33
De ses diverses mues…	35
Eternelle trace…	36
Permis de construire…	37
Brèche ouverte….	39
Quand l'image s'abandonne…	40
Je ne suis pas politicienne…	41
Défaufilant l'aube avant même l'éclair…	42
Aller vers le silence…	43
Calcul absolu du rapport à la vie…	44
L'oxymore du désir…	45
« Les oiseaux se cachent pour mourir »…	46
Comme la rose qui donne son parfum…	47

T'es toi…	49
Au cœur d'un seul partage…	50
Le charme d'une larme…	51
Quand le jour s'achève…	52
Séduisante alchimie…	53
Sur le sentier de l'aube…	54
Fatum de l'existence…	55
L'insaisissable déraison…	56
La vie comme un jardin…	57
L'humanité silencieuse…	58
De ce regard qui mue…	59
Mon âme grise…	60
Miroir d'une âme…	61
Le châtaignier du Bouffay *…	63
Dans l'intime murmure…	65
L'idéal migrateur…	67
Insaisissable floraison…	68
Imperceptiblement grand…	69

Dénouer cet ego…	70
Troublante architecture …	71
Relecture….	72
Au cœur de quelle bulle…	73
Tout est question de « choix »….	74
Quelle liberté pour l'artiste…	75
Mais qu'en est-il vraiment du rêve…	76
Faire revenir le soleil par sa veille….	77
Naissance en poésie…	78
Ce qui arrive d'inattendu…	79
Curieuse dépossession….	81
Sentiment océanique….	82
Au-delà du miroir…	83
L'espace d'une vie…	84
Soleil en clair-obscur…	85
Tumulte de la tranquillité…	86
Dépendance affective…	87
Se laisser devenir….	88

Pierre de touche…	89
Fantasmagorie…	90
Un autre temps, un autre moi…	91
Entre image et raison…	93
« Nous aimer avant » …	94
L'aube du dernier jour...	95
Sous l'angle du réel…	96
Vers quel amour s'abandonner….	97
La vie qu'ils contiennent….	99
Sans pièce à conviction…	100
Sans vouloir refaire le chemin à l'envers…	101
Le devoir, la morale et la vertu …	102
Au creux des fontanelles...	103
Là où tout commence…	104
Mobile contraire...	105
Le paradoxe du sentiment…	106
Dans le vent du voyage…	107
Ne jamais s'y faire ou s'y faire trop vite...	108